国家重点研发计划战略性国际科技创新合作重点专项（2016YFE0201000）
横向科研发展基金（9H01000084）

新型城镇化与新型城乡空间研究丛书

制度变迁与空间转型

开发区工业空间转科技研发空间研究

石　峰　著

商务印书馆
The Commercial Press

图书在版编目（CIP）数据

制度变迁与空间转型：开发区工业空间转科技研发空间
研究/石峰著. —北京：商务印书馆，2024
（新型城镇化与新型城乡空间研究丛书）
ISBN 978-7-100-23312-5

Ⅰ.①制⋯ Ⅱ.①石⋯ Ⅲ.①制造工业—工业发展—
研究—中国 Ⅳ.①F426.4

中国国家版本馆 CIP 数据核字（2024）第 006572 号

新型城镇化与新型城乡空间研究丛书
制度变迁与空间转型
开发区工业空间转科技研发空间研究

石峰 著

商 务 印 书 馆 出 版
（北京王府井大街 36 号邮政编码 100710）
商 务 印 书 馆 发 行
北京市白帆印务有限公司印刷
ISBN 978－7－100－23312－5

2024 年 7 月第 1 版   开本 787×1092 1/16
2024 年 7 月北京第 1 次印刷   印张 10¾

定价：65.00 元

丛 书 总 序

在人类社会漫长而无限的时空演进场景中，城镇的出现虽然历史悠久，但是其主导、引导人类社会的发展进程和城镇化成为人类社会演进的主旋律和主推力，却是最近两三百年的事情。然而，在这数百年波澜壮阔的城镇化发展进程中，人类社会发展变化的节奏、速度和程度，远远超过了此前数千年。一方面，城镇化的发展推动了人类社会的快速发展，另一方面则是人类社会迭次涌现的新技术、新制度、新观念等，不断改变着城镇化的模式和方向，新型城镇化模式也由此而阶段性地出现，并随之改变着城乡空间的类型、功能、图景和关系。

从全球层面来看当下的世界新型城镇化模式，其中既包括全球新技术革命带来的城镇化方式的创新，也包括由于中国快速崛起、中国城镇化迅猛推进带来的全球城镇化重心的转移，也就是中国特色城镇化模式。从中国城镇化演进历程来看其正在迈入的新型城镇化阶段，我们看到的是中国最近 30 多年快速城镇化所达到的城镇化水平超过 50% 的现实基础、所累积的复杂的资源环境与社会问题，以及所面临的老龄化、机动化和国际环境变化带来的挑战。这与 30 多年前中国城镇化水平在 20% 以下时的处境大不相同，也与 10 多年前中国城镇化水平跨越 30% 门槛时面临的形势有本质区别。如果说，中国在达到城镇化水平 50% 以前，还可以借鉴、甚至照搬与模仿西方工业化、城市化高峰时期的理论、模式、经验来指导中国城镇化发展的话，现在我们面临的许多问题，是西方既往城镇化"教材"所没有的，我们只能依靠对自身特点、经验、教训的深刻解读和对未来的超前预判和分析，来设计出适合中国发展的新型城镇化路径，这是我们面临的重要理论问题，也是中国学术界的历史责任，需要极大的创新勇气和艰苦的探索才可能找到答案。

和新型城镇化相对应，世界和中国城乡空间的变革也日新月异，这其中既包括新的城乡关系，也包括新的城乡空间类型、功能、景观，以至于新的城乡空间需求和理念，以及新的城乡空间研究视角和规划模式。仅就中国而言，计划经济、传统产业时期的城乡空间规划与建设理念和模式，与改革开放以来的市场经济、外向型产业和观念多元化变革时期的城乡空间规划与建设的理念和模式截然不同，物质空间为本时期与以人为本时代的城乡空间规划与建设的模式也不同，加上新技术带来的空间变革，一个新型城乡空间关系、空间类型、空间建设与规划模式涌现的新时代正在来临，需要我们察微知著、详加研判。

城镇化模式与城乡空间类型的创新既有阶段性质变，也有连续性的渐变，学术研究要遵循事物发展客观具有的"承前启后"的因果链条。因此，本丛书所指的"新"，其历史起点定格在 20 世纪 70 年代全球化和新技术革命开启的新阶段以后，特别是中国改革开放以来，既包括对已经走过的 30 多年所积累的与传统阶段相比有所不同的"新型"的既往式总结，也包括当下进入新世纪第二个十年、中国城镇化进入加速发展后期以及迈向成熟期之时，对即将面临的"新"时期的预见性展望。希望通过对已经走过的 30 多年新实践诸如开发区建设、新城开发、都市圈与城市群等培育进行系统总结和提炼，构筑当代"中国特色城镇化模式"的科学起点，通过对正在成为共识的"以人为本"新阶段所蕴含的新型城镇化的新趋势、新型城乡空间的新类型等进行基于国情现实的预判，改变长期的"拿来主义"倾向，重新确立基于发展自信的文化自信，在面向未来、寻求新路的同时更加对准中国历史原点，逐步建立起未来真正意义上"中国特色城镇化模式"的科学内涵与理论构架。

本丛书是一个动态扩展的开放式学术专著集成平台，围绕"新型城镇化和新型城乡空间"这一总的方向，立足时代前沿、扎根中国实践、进行理论探索。丛书既包括对中国城镇发展与规划进行探索的中青年学术骨干的著作，也包括不断涌现的"80 后"年轻学人的学术专著，预计"90 后"新学人的专著出现也为时不远。欢迎学术同人、社会各界对丛书进行指导和支持，也欢迎对本丛书有兴趣的高水平学术新作不断充实进来，汇集涓涓细流，形成推动中国城乡空间与规划研究的新力量。

本丛书前六本在东南大学出版社已经出版。由于各方面情况的变化，自 2021 年起，新系列在商务印书馆继续出版。

王兴平

东南大学建筑学院教授、博士生导师

2013 年于东南大学建筑学院

2021 年修改

目　　录

第一章　绪　　论

2013年以来中国东部地区一些大城市兴起了一种新的空间转型现象，即工业空间转为科技研发空间（简称工转研）。这种新现象可以在深圳、上海、南京、苏州等很多城市观察到，特别是这些城市的开发区。以往工业用地更新主要转为居住用地、商业办公用地、公共服务设施用地等，以及增加建设强度的工改工。工转研是近些年才凸显出来的一个小类型。上一轮文化创意产业园热潮大多是在鼓励文化创意产业发展的政策支持下不改变用地性质和土地使用权人的非正式更新，一般不能分割销售；而工转研大部分是改变用地性质的正式更新。企业可以按照新的规划设计条件进行再开发，并且可以按政策要求分割销售。以往的工业用地更新主要是市区零散工业用地和老工业区，而工转研则大多指向开发区。地方政府颁布的政策常常特别关注各类产业园区的存量工业用地。在规划上开发区科技研发空间集中成片地出现，工业用地转科技研发用地的规模和比例前所未有。

从表象上看，工业用地更新忽然进入了一个新的热点时期，在创意产业园热潮之后开启了一个工转研的新热潮。随之而来的是一系列的问题：为什么会出现工转研现象？这一现象是如何形成的？为什么进行再开发的工业企业会选择转科技研发？为什么主要发生在开发区？工转研的主要动力来自于需求还是供给、来自于企业还是政府？对于工转研现象的观察和研究，可以清楚地认识现象并深入理解其形成的原因和机制，透过工转研现象可以探究工业空间转型背后的制度根源，把握规划的变革方向与要旨。

第一节　背　　景

东部地区的大城市从增量开发转向存量开发，恰逢开发区经过20～30年的开发进入了再开发的阶段。开发区再开发逐渐成为存量开发的主要组成部分，正是在这样的背景下，出现了开发区工转研现象。

一、城市从增量开发转向存量开发

全国城镇土地面积增长速度总体呈逐渐放缓趋势，年度增幅由 2010 年的 4.7%
下降至 2014 年的 3.7%，意味着城市土地开发需要转向存量。根据原国土资源部的
数据[①]，2009～2014 年城镇土地利用增长向中西部地区偏移；东部地区的增幅约为
中部或西部的一半；全国城市土地面积增幅为 17.7%，低于建制镇增幅 9.1 个百分点。
从土地增量的实际情况来看，东部地区比中西部地区有更大的压力需要进行存量开
发；城市比镇有更大的压力。

近几年来，中国很多城市的开发建设受到国家土地政策变化的影响。东部地区
大城市的新增建设用地指标逐渐收紧。城市有压力和动力从增量开发逐渐转向存量
开发。2014 年中央要求东部三大城市群发展要以盘活土地存量为主，今后将逐步调
减东部地区新增建设用地的供应。除生活用地外，原则上不再安排人口 500 万以上
的特大城市新增建设用地。按照新的城市规模划分标准[②]，城区常住人口 500～1 000
万的特大城市有 10 个，超过 1 000 万的超大城市有 7 个。政策促使这些城市必须迅
速转向存量开发。上海、北京、深圳等城市纷纷在新一轮总体规划中提出用地"零
增长""负增长""增量与存量并行""双减量"等转向存量开发的原则。三大城
市群的其他城市也面临严重的土地压力问题。供地主要来源从新增建设用地转向盘
活利用存量用地。存量开发成为各地主要发展模式。以江苏省为例，2014～2016 年
全省土地供应总量中存量用地占比依次为 28.2%、47.7%、49%，很多城市都已经以
存量开发为主。无锡的存量用地占比连续 6 年超过 50%；昆山 2015 年提出建设用地
规模"零增长"。[③]

存量开发是国家对城市建设用地控制收紧、城市应对土地资源压力的必然出路。
城市工业用地更新是存量开发的重要组成部分。很多城市的再开发政策都将工业用
地作为主要的存量用地来源。开发区往往集中了城市中最大规模、最大比例的工业
用地，对于城市存量开发具有至关重要的作用。

---

① 《全国城镇土地利用数据汇总成果分析报告》http://data.mlr.gov.cn/qtsj/201512/t20151229_1393418.htm。
② 《国务院关于调整城市规模划分标准的通知》（2014 年）。
③ 颜芳：《江苏存量地再开发占半壁江山，土地利用出现拐点，从土地扩张走向效益提升》，《新华报
业网》，2016 年 12 月 31 日。http://js.xhby.net/system/2016/12/31/030356604.shtml。

二、开发区从开发到再开发

（一）中国开发区的产生与发展

1978 年中国发生了历史性的重大转折，开始实行"对内改革、对外开放"的国家政策，逐步形成了"经济特区—沿海开放城市—开发区—内地"的梯度开放格局。开发区是梯度发展战略的重要一环。

开发区是将经济特区经验推广到东南沿海地区的产物。1979 年国家在深圳、珠海、厦门、汕头借鉴港澳的经验试办出口特区，1980 年改称经济特区。1984 年邓小平视察特区后谈话中提出"可以考虑再开放几个港口城市，如大连、青岛。这些地方不叫特区，但可以实行特区的某些政策"。这一年中国开放了 14 个沿海港口城市并在这些城市建立了 15 个经济技术开发区，是中国第一批开发区。1991 年和 1992 年先后批准建立了 51 个国家高新区。

开发区也是学习借鉴国外产业园区发展经验的产物。科学园区以 1951 年美国斯坦福研究院为代表，产生的背景是发达国家的科技产业发展浪潮、生产加工向科技研发转型升级；出口加工区以 1959 年爱尔兰香农自由贸易区为代表，产生的背景是生产资本向成本更低的国家和地区转移，发展中国家和地区吸引国际资本、发展出口加工（王兴平，2005）。1980 年代以后世界各国纷纷效仿。中国参照出口加工区建立了经济技术开发区（经开区），参照科学园区建立了高新技术产业开发区（高新区）。

以标志性事件即 1992 年邓小平南方谈话促进开发区大发展和 2003 年开发区整顿作为节点，将开发区发展划分为三个阶段：初创期 1984～1992 年，快速发展期 1992～2003 年，清理整顿和稳定期 2003 年之后。经过两轮全国性的"开发区热"，至 2003 年全国各类开发区数量达到 6 866 个，开发区规划面积 3.86 万平方千米，超过了当时全国所有城市建成区的面积（郑国，2010）。2003 年国家开始清理开发区，2006 年国、省两级各类开发区减至 1 568 个，规划面积压缩至 9 949 平方千米[①]。

开发区是工业化、城市化的重要载体，是改革开放的重要组成部分，为经济发展、引进外资和技术、发展市场经济做出了巨大贡献。国家级经开区和国家级高新区的园区生产总值合计占全国比重超过五分之一。有些高新区工业增加值已占所在

[①] 国家发展改革委、国土资源部、建设部联合发布的《中国开发区审核公告目录（2006 年版）》。

城市的 40% 以上；联想、四通、方正、华为等成为国内外知名的高新技术大企业；全国高新技术产业产值 50％ 左右是由高新区贡献的①。国家级高新区的企业研发支出超过全国企业研发支出总量的 1/3。②2013 年国家级高新区占全国出口比重的 18.7%。③

中国开发区的本质是特殊政策区。横向来看，开发区实行与城市其他地区不同的特殊开放和优惠政策；纵向来看，开发区实行与计划经济时期不同的特殊经济政策。1984 年邓小平指出："我们建立经济特区，实行开放政策，有个指导思想要明确，就是不是收，而是放。" 特区是"技术的窗口、管理的窗口、知识的窗口和对外政策的窗口"，是中国城市在局部空间上与世界接轨；第一批开发区是小特区，是在计划经济底图上的更接近市场经济的小"圈"。经济特区、开发区是在原有的计划经济体制中突围的制度试验，是"社会主义也可以搞市场经济"的实践。制度试验不断尝试对市场减少管制、对企业松绑、对外开放，然后将成功经验扩大推广。从特区到沿海开放城市再到开发区，从沿海到内地，在空间维度上不断扩大改革开放。

（二）开发区转型是开发区自身发展和国家战略的双重需要

开发区的政策环境、发展环境已经改变，如今市场经济已经建立、政策普惠、全面开放，开发区已经失去了以往的优势和基础。中国许多开发区 "特殊政策区"的属性正在逐渐淡化，纯粹生产集聚的功能在许多开发区已成为"过去时"（王兴平等，2011）。开发区三十年快速发展也积累了很多问题：片面追求速度、同质化竞争、政府主导过多、软环境不足等。开发区内在的发展需要呼唤开发区转型发展。开发区产业功能的升级以及适应新型产业需求的空间改造势在必行。

全球经济和产业格局正在发生深刻变化。中国经济发展进入新常态，面对新形势必须进一步发挥开发区作为改革开放排头兵的作用，形成新的集聚效应和增长动力，引领经济结构优化调整和发展方式转变。④为进一步发挥开发区作为改革试验田的作用，国务院连续推出多个文件提出开发区要加快转型。⑤国家需要开发区落实创新驱动发展战略，促进科技创新、制度创新，吸引集聚创新资源，提高创新服务水

---

① 科技部，《关于国家高新技术产业开发区十年发展情况的报告》，2001 年。

② 科技部，《国家高新技术产业开发区"十二五"发展规划纲要》，http://www.most.gov.cn/gxjscykfq/wj/201509t/20150902_121497.htm。

③ 科技部公布的国家级高新区 2013 年主要指标，http://www.most.gov.cn/gxjscykfq/gxjstjbg。

④ 国务院办公厅关于促进开发区改革和创新发展的若干意见，2017 年。

⑤ 国务院办公厅关于促进国家级经济技术开发区转型升级创新发展的若干意见，2014 年。

平；支持开发区内企业技术中心建设，鼓励开发区加快发展众创空间、大学科技园、科技企业孵化器等创业服务平台。《中国制造 2025》将创新驱动作为基本方针的首位，通过"三步走"实现制造强国的战略目标。开发区的转型升级、创新发展对于贯彻落实《中国制造 2025》尤为关键，将会在掌握关键核心技术、完善产业链条、形成自主发展能力等方面发挥重要作用。

（三）开发区到了再开发的新阶段

中国的开发区经过 30 年的发展建设已形成规模巨大的建成区，已经暴露出低层次、外延式发展和粗放开发留下的问题，如开发强度过低、土地利用效益低、建设标准低；很多开发区早期低标准招商，企业规模小、投资小却占据了现在最好的区位，造成最早开发建设的片区现在土地闲置率高、低效使用、低产出运营。随着城市空间的扩张，原来位于城市边缘的开发区的区位发生变化，开始承担更多的综合功能。

开发区亟需进行科学合理的再开发，将一些区位条件好、土地价值高的工业用地转变用途，提高开发强度、土地利用效益、建设标准。开发区再开发又存在许多其他城市空间再开发无法比拟的独特优势，如面积大、用地再开发潜力大；制约因素相对较少，诱发矛盾几率较低；土地经济效益相对较高；土地产权清晰，利于依市场机制规范开发；位置特殊，对优化城市结构尤为重要等。

开发区再开发是开发区发展的新阶段，是开发区转型发展的空间基础，是城市功能提升、空间重构、产业升级、保持核心竞争力的重要途径。国内许多开发区特别是珠三角、长三角地区的开发区已经开始了积极的再开发探索，颁布政策、编制相关规划并开展再开发实践。

三、开发区再开发成为存量开发的重要组成

城市转向存量开发恰逢开发区进入再开发阶段，开发区再开发逐渐成为城市工业用地更新的主要部分和存量开发的重要组成。多年以来的市区工业用地退城入园与开发区大规模、粗放式的增量开发是同一过程，市区工业用地与开发区工业用地存量此消彼长，存量开发将以开发区再开发为主也是必然趋势。在这样的背景下，当前的工转研现象明显指向开发区。

经历过两轮开发区热潮，开发区工业用地存量巨大。2006 年后大量工业用地以共享名称、分区分园、降低等级的方式继续存在，十几年来开发区的数量再度增加，

面积再度扩张。2006~2016 年，国家级经开区从 49 个增加为 219 个[①]，国家级高新区从 53 个增加到 129 个[②]。全国有国家级、省级开发区合计 1 769 个[③]。很多开发区已经远远超出审核目录中的面积。天津经济技术开发区核准面积 33 平方千米，仅东区就达到核准面积，此外还有西区、中区、南港工业区等 9 个园区，规划面积 408 平方千米。南京高新区核准面积 16.5 平方千米，但园区现管辖面积 160 平方千米。可以估计全国各类开发区规划面积远大于 2006 年公告核准面积。

开发区工业用地总量大于市区的零散工业用地和老工业区。东部地区一些城市的市区工厂建设年代久远，20 世纪 90 年代就开始搬迁改造。在经历了多年的旧城改造、退二进三、退城入园之后，市区零散工业和老工业区的工业用地已经消化了大部分。例如，2007 年南京市分布在开发区的工业用地占全市工业用地的 80% 左右（何世茂，2009）；2011 年南京加快主城区域工业生产企业"退城入园"[④]；南京市主城区域的工业用地存量已经远远小于开发区，相应地工业用地更新的主战场也转移到开发区。

开发区作为改革开放后的新产业空间只有 20~30 年历史。近些年开发区才进入再开发阶段，而向中西部地区乃至其他国家的制造业转移也将使东南沿海开发区出现更多需要再开发的存量工业用地。城市新增建设用地指标调控日趋严格。东部地区一些省、市越来越需要转向存量开发。开发区工业用地基数大、占比多，且适宜和需要再开发的存量工业用地逐渐增多。因此，开发区再开发将会逐渐成为存量开发的主要部分。开发区曾经是工业用地增量开发的主战场，今后将逐渐成为工业用地存量开发的主战场。工转研作为其中的一个类型必然以开发区为主。

第二节　问题与概念

一、问题

本书的研究问题是：当前中国开发区的工业空间转科技研发空间现象，为什么

---

① 商务部官网，http://www.mofcom.gov.cn/xglj/kaifaqu.shtml。

② 科技部官网，http://www.most.gov.cn/gxjscykfq/gxjsgxqml。

③ 中国开发区网的各类开发区名单 http://www.cadz.org.cn。

④《南京市主城区域工业布局调整行动计划》，2011 年。

会发生以及如何形成？首先，需要先对现象的类型与特征进行清晰地认识，即"是什么"。然后，"为什么"和"如何"的问题是解释工转研现象形成的机理。最后，还是要回归到城乡规划学科、探讨规划"怎么办"的问题。因此本研究的问题域包括：工转研现象是什么？工转研为什么发生以及如何形成？城市规划应该怎么应对？其中最核心的问题是"为什么"和"如何"的问题。

研究问题来自于实际现象，是 2013～2014 年在开发区再开发调研中发现的。工转研是存量开发大背景下的小问题，工业空间转型中的小类型，开发区发展新阶段的新问题。本书试图透过有代表性的工转研现象，进一步洞悉工业空间转型的机理。

二、对象

本书的对象是开发区的工业空间转科技研发空间现象，不是静态的工业空间或者科技研发空间，而是一个工业空间转型的动态过程。研究的侧重点在于"转"。转是转型、转变、变化。工转研现象本身是一种工业空间转型，其承载的是产业转型、发展模式转型等深层次的转型。

三、概念

本书中的制度变迁主要指围绕城市土地开发的土地制度变迁，包括土地产权制度、土地市场制度和城市规划制度。制度是规则的集合。制度变迁是规则变化的过程。制度不只是政府的工具，也是政府、企业、个人都需要共同遵守的规则。三十多年来制度安排一直在调整变化，相对而言制度环境更长期更稳定，一般地方政府有些试行政策只有一两年，国家政策有 5～10 年的稳定预期，而法律条款稳定不变的时间就更久。

本书所述的空间转型主要是工业空间转型，指的是工业空间改变为其他用途，包含改变用地性质的正式转型和不改变用地性质、只改变建筑用途的非正式转型。工业空间转型的来向是存量工业空间，去向包括居住、商业、办公、科技研发、公共设施和绿地等，转科技研发空间是其中的一个小类型（图 1-1）。

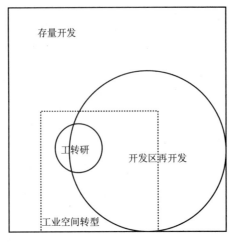

图 1–1　概念关系

本书中的开发区泛指改革开放后设立的含有工业用地的各类产业园区。

工业用地在国标《城市用地分类与规划建设用地标准》中是城市建设用地的一个大类，分为一类工业用地（M1）、二类工业用地（M2）、三类工业用地（M3）三个中类。

科技研发用地不是国标中的一个特定分类，而是包括多个国标小类和地方标准中的新增地类。具体包括：90 版国标中的"科研设计用地"（C65）、2011 版国标中的"科研用地"（A35，其内容是科研事业单位用地）、"其他商务用地"（B29，其内容是贸易、设计、咨询等技术服务办公用地）。各地地方标准有所不同，如南京的"科研设计用地"（B29a）和"生产研发用地"（Ma）[1]，上海的"工业研发用地"（M4）[2]，深圳的"新型产业用地"（M0）[3]等。

第三节　目的与意义

一、目的

（一）解惑——对开发区工转研现象做出解释

经济学科关注解释，张五常（2015）认为经济解释是以经济学的角度、用科学

---

[1]《南京市城市用地分类和代码标准》，2015 年。

[2]《上海用地分类》，2011 年。

[3]《深圳市城市规划标准与准则》，2013 年。

的方法来解释现象或人的行为；在科学的范畴内，问题来来去去只有一条："为什么"；"怎么办"是工程学的问题，而"好不好"则是伦理上的问题。地理学也关注解释，大卫·哈维（2012）引用图尔明的观点"对于解释的愿望来源于对某些经验产生的一种诧异的反应"，进而提出一个解释"是使一种并不预期的结果成为意料中的结果"。城乡规划学科也需要关注解释，需要理解空间现象为什么形成的问题。城市规划是一种公共政策，是改造世界、改善人居环境的工具，主要解决怎么办的问题。而改造世界建立在认识世界的基础上，应该首先搞清楚为什么，才能更科学、合理、合适地解决怎么办。开发区工转研现象近年勃然兴起，与以往的工业用地更新相比有特殊之处。这需要解释现象为什么以及如何形成；对现象的诧异、未知与困惑，需要寻求一个答案。

（二）穷理——探究空间现象背后的制度根源

聚焦于开发区再开发中的一个小类型、小现象，希望透过现象探讨现象背后的制度变迁的问题、价值与方向。当前的土地制度和再开发政策也存在着一些不能令人满意的问题，例如发现一个漏洞就在补上一个政策，于是政策叠着政策、补丁摞着补丁。如同钱穆先生所言"一个制度出了毛病，再定一个制度来防治它，于是有些却变成了病上加病。制度愈繁密，人才愈束缚"。这样层层叠叠的政策，是有利于市场化、法治化、创新和转型，还是与之相反？空间转型背后的制度变迁在遵循什么样的本源精神，在朝向什么方向变化？本书落笔于工转研这样一个具体的小问题，而秉承的是改革开放、市场经济、法治社会、规则意识、保护产权、契约精神等价值观念。

（三）寻路——相对应的存量规划应该怎么做

本研究要探寻工转研所对应的存量规划失灵的原因，提出应对的规划建议。在最初的调研中发现侧重工转研的规划出现了失灵。规划编制后很快就不能有效地引导规划所预期的再开发而被迫修改或重编。这些规划不仅有扎实的调研，还有广泛的公众参与，是与企业协商出来的规划，是得到专家好评或获奖的优秀规划。然而，企业为什么又不按规划进行再开发呢？政府为什么很快就要再次修改规划呢？规划为什么失灵？仅从规划本身是无法回答这些问题的。想要理解规划的问题，需要先理解了这种空间转型背后的原因与机制，再回来处理规划的问题。可以说本书是从观察到规划现象与问题开始，最终又回归到规划。

二、意义

在全球化和国际产业转移的背景下，中国的开发区研究是世界性的课题，是中国城市规划理论与方法的重要突破点。目前开发区向多样化功能承载区或更高端功能承载区的转变已是必然，开发区再开发是实现开发区的转型升级的必由之路，对于保持和延续开发区的活力、巩固经济增长的根基颇具战略意义。开发区再开发将对中国城市化的当前阶段发挥巨大作用。工转研是开发区再开发的重要类型，承载开发区实现创新发展、产业转型升级。本研究在创新发展、中国制造2025的背景下，承接开发区研究的脉络，抓住工转研这个特殊现象和特色问题进行理论探索，对于开发区转型和开发区再开发研究是一个进展和突破。工转研是新兴工业国家很可能会遇到的问题。本书对东南亚、非洲一些国家的开发区发展和研究有借鉴意义。

中国经济发达地区的存量开发实践已经逐步展开，迫切需要研究如何应对已经出现的现实问题。近年才逐渐增多的工业空间转科技研发空间是存量开发中的难点问题。一些再开发项目中出现企业擅自改变土地用途、后期用途监管困难、限制条件削弱企业积极性、相关规划迅速失效、市政设施建设滞后等问题。各地城市政府、园区、企业的实践探究迫切需要相关研究进行指导和参考。本书对工转研实践进行总结和反思，比较借鉴多个城市的经验教训，提出相应的政策与规划建议。研究有利于市、区、园区等各级政府部门进行科学决策正确制定更加合理、有效的政策和措施，有利于存量开发的科学规划与管理，有利于推进土地集约利用、产业园区转型升级，将对促进区域、城市、园区创新发展提供支撑和参考，本书对于当前日益增多的存量开发和存量规划具有积极而迫切的现实意义。

本书是城市土地制度研究与创新空间研究的交叉领域，是关于创新驱动发展战略与土地集约利用政策如何衔接、利用和落实的研究，是探讨城市土地制度变迁与创新发展战略如何影响工业空间转型的研究。自国家和城市转型与创新发展浪潮的形成以来，加快调整产业结构已进入全面落实的阶段。伴随着区域和城市的功能转型，经济发展的空间载体必然涉及空间转型。工业空间转科技研发空间是在创新驱动背景下的新现象、新问题，而其背后的土地制度变迁依然发挥决定性的作用。科技研发空间是创新功能对应的物质空间，是创新平台、创新载体、创新企业的空间基础。工业空间转科技研发空间是产业转型升级的重要组成部分，其面积与数量虽然占城市建设用地总量的比例小，但却能起到四两拨千斤的作用。本书对深入认识在创新驱动发展战略下空间转型、产业转型、发展转型，特别是理解工业空间转型背后的制度根源具有理论意义。

第四节 文献综述

一、国外文献综述

国外相关研究包括城市更新、老工业区更新、科技园区及其再开发以及对发展中国家出口加工区的研究。

英国从 1970 年代就开展了对工业用地的更新改造研究，1980～1990 年代城市更新重点是衰退的老工业区和仓库码头区。2000 年以来发达国家工业用地更新研究更加关注城市文化的复兴和综合目标的更新战略。发达国家的老工业区更新实践往往是综合性的更新。再开发成为办公、商业、文化、休闲、居住、旅游、教育、科研等功能复合的城市地区。如巴黎塞纳河左岸的工业与铁路废弃地改造，伦敦的金丝雀码头再开发（阳建强，2012）。

有的综合开发片区中含有科技研发中心但往往规模较小。较大工业片区直接指向科技研发、科技园区的更新案例不多。美国东北部的温德汉姆纺织厂，被改造成一个集高新技术、研究、办公等于一体的综合性科研与生产基地（刘伯英等，2009）。德国鲁尔区多特蒙德南部的凤凰钢厂 1998 年关闭，凤凰西区规划为高新技术、服务与公园景观相结合的新型科技园（克里斯塔等，2016）。发达国家在新的时期也出现了以创新空间为主要转型方向的老工业区更新——城区更新型创新城区。2000 年巴塞罗那普布诺老工业区对 200 公顷废弃工业用地进行再开发，成为全球首家创新城区。[①]2010 年波士顿开始推动全球第二个创新城区建设即南波士顿滨水区改造计划（李健，2016）。

欧美发达国家的人口密度低、土地资源相对充足，工业用地更新的压力不大。发达国家著名科技园区、创新企业聚集区从产生就以独立姿态出现，较少有从工业

---

① 2014 年布鲁金斯学会发布《创新城区重构美国创新地理版图》报告，创新城区是一个高端科研院所、研发机构、创业企业、孵化器及金融辅助机构等高度集聚、创新活力旺盛、各主体网络化互动特征明显的城市新经济空间。

用地转型而来的，而其中一些的发展方向是综合中心。研究认为美国部分科技园逐步发展为边缘城市，演变为就业、生活和服务的综合性中心（Garreau，1991；Cullingworth，2014）。

有研究提出发展中国家的出口加工区的演变遵循一个经典模式：出口加工区在获得了成功后，私营企业被鼓励投资工业地产的开发。政府与私营企业合作，争取达到科学技术区的高度（Bolin, 1997）。"为了保持竞争优势和市场份额，企业必须持续不断地从事研发。因此，产业区的开发者必须提供更多更好的设施以使这些企业能够在园区内或附近从事研发活动（Bolin, 1997）。"可见，开发区工转研问题可能是发展中国家的共同问题。菲律宾、越南以及正在建设开发区的非洲国家，很可能在将来遇到与中国的开发区再开发乃至工转研相似的情况和问题。

二、国内文献综述

国内相关研究有两条发展脉络：一条是开发区研究，一条是工业用地更新研究。两条脉络交汇于开发区工转研。

（一）开发区空间利用—开发区转型—开发区再开发

这一系列研究已经具有较丰富的研究成果。栾峰等（2007）认为先发地区开发区局部地段转型存在必然性。邢卓等（2009）以天津滨海新区为例、林阌钢（2007）以苏州工业园区为例说明了开发区从经济功能向综合功能转变。王兴平、袁新国提出开发区再开发的概念，认为开发区建成区的再开发是促进中国城市空间集约利用和建设低碳城市的重要途径（王兴平等，2009；王兴平等，2011）。袁新国以长三角开发区为例研究了开发区再开发的模式、特点及策略（袁新国等，2010；袁新国，2011；袁新国，2012）。

（二）城市更新—老工业区更新—工业用地更新

2000 年之后的十年，随着物质性老化和社会经济结构变化的双重推进，城市更新越来越关注老工业区更新、工业用地更新。李冬生（2005）以上海市杨浦区老工业区改造为实例，研究大城市老工业区工业用地更新与调整问题。刘伯英等（2009）论述了城市工业用地更新的内涵、理论发展。罗超（2011）探索了老工业区更新的综合评价方法和评价体系。冯立等（2013）提出上海越来越多的划拨工业用地采用了非正式更新的方式，通过改建而不是重建进行从制造业到服务业的功能变更。

（三）涉及工业空间转科技研发空间的研究

袁新国（2010）研究了开发区再开发的类型，其中"退二优二""退二进三"包括制造业退出进而转化为研发功能。"工业用地办公楼化"现象（牛慧恩，2014）与工转研现象有一定程度的重合，一些工业用地中的办公楼用于科技研发用途，而工转研现象中有相当一部分科技研发空间异化为办公空间。郑德高等（2015）解释了上海政府鼓励工业用地更新为科研设计用地的经济学逻辑。胡映洁（2016）抓住不同更新模式的交易成本差异，讨论了（包括工转研在内的）工业用地更新利益应该如何分配。

（四）存量规划研究

规划学者邹兵（2015）、赵燕菁（2014）、尹稚（2015）等在各自的论述中形成了重要的理论共识：第一，存量规划的核心是产权和交易成本；第二，存量规划要参与制度设计，目标是减少产权转移的交易成本。此外，多位学者认为从规划编制到规划管理尚未对存量规划做好充分的准备，需要在编制思路、方法、技术、规划管理制度体系、人才培养等方面进行转变。

三、相关评述

文献梳理表明相关研究具有以下特点：（1）间接相关的文献广泛而丰富，分布于多个上一层级的研究领域。（2）开发区工转研相应的开发项目、规划与政策的实践正处于探索中，学界理论研究尚未聚焦于工转研现象，直接相关的研究成果极少。（3）少量切近工转研的文献着眼于现象的阶段性等特点，并归因于土地经济性、利益分配或某些政策，对于现象形成机制的研究在理论深度上存在不足。（4）近几年城市规划领域已经出现了一些探讨制度与存量开发关系的研究，越来越多的学者和规划师开始关注存量规划。

第五节　研究框架

一、主要内容

导入部分为第一章绪论。第二章为工转研的特征与模式研究，将现象划分类型、归纳特征、分析主体动力，归纳工转研的基本模式，在模式研究中发现制度性因素的关键作用。第三章是理论辨析与核心假设，基于实践事实和理论推演提出制度视角的理论假设并阐述其内涵，用以解释工转研现象如何发生的问题。第四至六章从法律、政策、规划三个制度层级分别进行理论研究，论证制度变迁如何通过实现五个制度功能从而导控工业空间转型。第七章是实证研究，以南京为完整的案例剖析工转研制度安排和运行机制，论证地方政策和规划如何实现制度功能。

二、研究方法

本书以城乡规划学的空间研究方法为本体，以新制度经济学为主要的理论工具，借鉴地理学、经济学、政策分析、建筑学的相关方法，采用定性研究、案例研究、深度访谈、文献研究、比较研究、政策分析等方法。

文献研究：包括国内外期刊，著作，会议论文，学位论文，研究课题，学术报告，新闻报道，法律法规，政策文件，开发和规划实践中的规划设计报告、图件、公示文件等，进行分析、归纳与评述。

案例研究：本书的主要研究问题是"为什么"和"如何"。案例研究法是适合处理此类富有解释性问题的研究方法。针对长三角区域上海、南京、杭州、苏州的开发区以及深圳特区等进行具体案例的实地踏勘和走访，形成比较齐全的融数据统计资料、图件资料与采访资料于一体的资料体系。研究运用案例研究法，以访谈、现场调查与数据调查为基础，"追溯相互关联的各种事件，并找出它们之间的联系"（罗伯特，2010）。

比较研究：通过比较国内外实践案例和理论研究成果，探讨工业用地更新和科技园区发展的理论与实践、土地发展权模式的差异、城市存量开发中的做法，提供可兹参考的经验。

深度访谈：选取有代表性的城市、开发区、企业，访谈对象包括政府工作人员（市规划局、区规划局、开发区的国土、规划等部门）、企业管理人员、参与相关规划的规划设计人员、参与再开发项目的建筑师、专家学者等。

三、逻辑框架

本书的逻辑框架如图 1–2 所示。

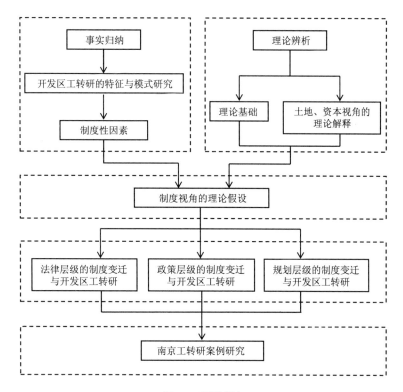

图 1-2 逻辑框架

第二章 开发区工业空间转科技研发空间的特征与模式研究

清楚地认识工转研现象，首先需要基于现实中发生的工转研实践进行描述性研究，对工转研现象进行分类和比较并归纳出现象的特征；然后探求开发区工转研现象的动力机制；最后在把握现象发生发展规律的基础上总结归纳出基本模式。工业空间转科技研发空间很容易被直接认为是创新驱动国家战略导致的，然而创新驱动战略不是工转研唯一的动力，也不是最主要的政策动力。工转研是工业用地再开发的一个类别。再开发主要的政策推力来自于集约利用土地方面的国家政策，而仅靠国家政策并不能直接形成广泛的工业用地再开发活动，更为基础性的动力必然来自于地方政府和众多的企业。

第一节 开发区工业空间转科技研发空间的发展概况

一、开发区工业空间转科技研发空间的重要性与特殊性

从全国范围来看，工转研现象主要出现在东部地区大城市的开发区，珠三角、长三角地区的城市尤为明显。从珠三角的深圳、广州、东莞到长三角的上海、南京、苏州、杭州，乃至京津冀的北京、天津等城市都已经出现了工转研的项目、政策或规划。工转研在开发区再开发中作为一个小类型，近十几年来从无到有、2013年以来从少变多，其数量和比例正在提高，各城市和开发区具体情况有所不同。在深圳，2014年的五批城市更新单元计划65个更新单元中包含新型产业或研发的有23个，单元数量占比35%。在南京，根据江宁区2014年和2015年的数据估算工转研占每年工业用地再开发的10%。在上海，政府推出政策增设了研发总部类用地，漕河泾

开发区逐步从产业园区向科创中心"蜕变"。新建、改建创新创业孵化空间约 60 万平方米，占全部产业空间的 12%，将老工业地块通过"二次开发"新建办公楼宇，引进强生集团、昊翔机器人等项目。在杭州，政府出台创新型产业用地的政策，开发区一些工业企业转型研发、文化创意、工业设计等，将工业项目转型升级成创新型产业项目。余杭区利用工业园区存量土地建设 45 个科技创新园。在苏州工业园，通过规划将 CBD 南北工业区一半的工业用地转变为科技研发用地。在天津开发区，多处旧厂房改造成为 58 赶集集团天津总部、作为研发和展示平台的泰达智能无人装备产业园等。

在开发区再开发各类型中，工转研对产业空间转型升级发挥引导性的作用，其重要性在创新发展和开发区转型的国家政策下得以体现，在国际环境和中国制造 2025 的大背景下进一步上升。开发区再开发一般情况下不是一个开发区的整体同期进行再开发，而是区位条件好、土地价值高的早期开发片区首先开始再开发。开发区再开发有多种类型，工转研是其中一个小类型（图 2-1）。开发区再开发按照再开发功能分为退二优二、退二进三、退二进居、退二进绿四种类型（袁新国，2011）。工转研跨越其中的两种类型，一部分属于退二优二，一部分属于退二进三。从工业用地向工业研发用地（M4，Ma 等）升级是退二优二，从工业用地转为科研设计用地（C65，B29a 等）是退二进三。开发区再开发中最大比例的是退二优二中的工改工，不改变工业用地性质、继续进行工业生产，但改变开发强度、提高产出效率。开发区的工业用地可以转变为居住用地、商业用地、办公用地、科技研发用地、绿地等，多种类型同时存在。工转研虽然比例不大，但对于开发区转型升级的影响却非常重要。工业用地转为居住、商业、办公、绿地等，在产城融合方面发挥作用。而工转研所形成的科研办公区一方面为产城融合做出贡献，有利于开发区从比较单一功能的工业区转变为综合功能的城区；另一方面又助力开发区工业的转型升级，承租科技研发空间的研发机构、科技公司将为制造业提高自主研发能力，提升核心技术水平，实现创新发展做出贡献。

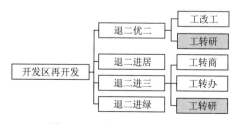

图 2-1　开发区再开发的类型

与其他工业用地再开发类型相比，工转研的特殊性主要体现在政策不同、补交地价不同、限制条件不同、企业选择不同等。如果仅从开发利润方面考虑，原工业企业显然更愿意开发住宅，但是大部分企业并没有这个选项。由于符合城市规划是再开发的前提条件，只有控规中划定为居住用地的地块才能开发住宅。更重要的是对于工业用地转为居住用地的情况，政府早已经建立了一套政策进行规范管理，例如南京市的政策是转为居住用地必须由政府收回然后进行招拍挂，原工业企业只能得到一部分补偿。工业用地转为商业等经营性用地与转为居住用地有相似之处，一般都要求重新进行招拍挂。在一些城市的政策实践中出现了允许工转办的情况，但转为办公用地需要补交的地价比较高，往往是转为科技研发用地的两倍以上。办公用地的地价成本对于持有土地的工业企业来说过于高昂，因此企业往往在二者之间选择科技研发用地。有关研究表明在上海的工业用地更新中，企业更倾向于地价介于工业与办公之间的科技研发用地，而政府也能够获得比较高的土地出让金。双方都能够获得一定的利益，因此政府和企业都更倾向于在转办公和转科技研发之间选择后者。在南京江宁的开发区再开发中也出现了相似的情况。江宁高新园的企业在面对自用型科技研发用地和可售型科技研发用地两种选项的时候，普遍表示选择后者也就是出售一半的建筑面积以获取利润，但 300 万/亩的土地出让金已经让很多企业力不从心，后来的新政策允许选择转为办公用地（600 万/亩）则更少企业能够选择。工转研与转为居住、商业、办公等经营性用地不同。科技研发用地即有经营性又有政策性。政府希望通过工转研实现盘活存量土地、工业企业的转型、产业的升级以及工业空间的转型等多重任务。因此，政府采取了一些新的政策打破原有的规则束缚来促进工转研，这些特殊政策包括允许原土地使用权人进行再开发、允许协议出让、给予地价优惠等；另一方面，政府为了避免工转研项目变成完全的办公地产开发，又在政策中提出一些特殊的限制条件，包括再开发企业需要获得科技企业认证、限制销售的比例、只能销售给科技企业、不能预售等。

二、开发区工业空间转科技研发空间的基本条件

不是所有的城市、所有的开发区都适合工转研，目前只观察到东部地区一些大城市的开发区出现了这一现象。显然工转研需要一定的基本条件。一部分城市的一部分开发区适合工转研，而有些城市还不具备条件。很多学者进行了研发机构聚集和区位研究，为开发区工转研的基本条件提供了参考。王承云等（2015）通过研究

提出，内生型研发产业集聚模式的驱动因子主要包括区域资源禀赋和市场需求。政府培育型研发产业集聚模式的驱动因子主要包括区位条件和制度环境。张占仁等（2010）对外资研发机构的研究表明，东部沿海地区集聚了96%的外资研发机构。上海、江苏与浙江是最为集中的地区。可见由于集聚形成正反馈效应，已经形成的研发机构聚集区会吸引更多的研发机构。企业研发机构的工业开发区、科技园区的指向性明显。上海市研发机构集中程度最高的地区是张江高科技园区、金桥现代科技园区、漕河泾高新技术开发区（王承云等，2015）。周文（1999）认为，基础性研发机构倾向于接近能够提供先进的科学知识与方法以及市场信息的地区，应用性研发机构倾向于接近能够提供大量高素质科技人才的地区，开发性研发机构则倾向于布局在能够和生产销售单位及时传递信息的地区。综上可见，在区域层面科技研发机构聚集于东部沿海地区特别是长三角地区的大城市，在城市层面科技研发空间受到资源禀赋、市场需求、区位条件、制度环境等因素影响，与科教资源和开发区密切相关。

开发区再开发过程中转化形成的科技研发空间区位，与城市中的科技研发空间区位具有共性，同时也有一定的特殊性。开发区工业空间转科技研发空间要具备一些基本条件，主要可以从科技研发空间需求和工业空间供给两个方面进行考虑。一方面城市应在资源、人才、产业等方面具备一定条件，市场存在对科技研发空间的需求；另一方面有待转型的开发区工业空间应满足一定再开发条件，能够提供适宜转型的、有效的工业空间供给。

（1）城市拥有一定数量与质量的科教资源，包括大学、科研院所、实验室、图书馆等，能够与工业企业、科技企业进行合作和互动，为科技研发活动提供支持。相关研究表明"企业研发机构的空间扩散与高校分布相关"。（王承云等，2015）

（2）城市拥有较为丰富的科技人才储备，通过本地高校培养大量毕业生或本地科技企业吸引了大量外地高校毕业生就业，从而形成了一定规模的科技人才蓄水池。

（3）城市具有比较强的产业基础和良好的创新氛围，已经聚集了一大批科技企业、研发机构，并且有大量实力较强的工业企业。研发机构与工业企业形成了相互依存和促进的关系。

（4）开发区具有较好的区位条件，毗邻市区，与城市中心或次中心距离较近。有待再开发的工业空间具有便利的交通条件如靠近轨道交通站点。土地价值由于区位优势已经提升，适宜进行科技地产、办公空间的开发。这样的工业空间转变为科技研发空间能够吸引科技企业入驻，便于科技人才工作和生活，形成有效的空间供给。

（5）有待再开发的工业片区内存在较多的低产出工业企业、低效工业用地。这样的片区才有可能实现大比例的工转研。相反，如果片区内大量工业企业生产状况和经济效益很好，企业缺乏再开发的动力，一定时期内就不适宜作为工转研片区。

三、开发区工业空间转科技研发空间的发展过程

前文在背景部分已经阐明，由于开发区再开发成为存量开发的重要组成。开发区拥有最大量的存量工业用地。工业空间转科技研发空间现象主要发生在开发区。在事实归纳、案例研究和深度访谈的基础上，可以梳理出工转研的发展过程。

（1）企业自发时期：零散企业自发进行工转研。已经出现工转研现象的城市普遍经历了这一时期，不同城市由于各种原因存在，其开始的时间有早晚的差异。这一时期政府对工转研项目延用原有的制度体系，需要销售、改变用地性质的项目就按照经营性用地的政策采取重新招拍挂的方式管理，仅对厂房进行改造、自用和出租而不销售、不改变用地性质的项目按照创意产业园等政策进行管理。珠三角地区城市比长三角地区城市更早出现了企业自发的工转研项目。深圳特区是改革开放的先锋，最早建立了外向型工业区，因而也最早进入了旧工业区更新的阶段。珠三角、长三角的一些开发区经过20~30年的开发建设已经进入了再开发阶段，同时主城老工厂外迁和工业用地更新接近完成。市区的工业用地数量和比例已经较少。开发区再开发逐渐成为城市工业用地更新的主要组成部分，而工转研则是当前开发区再开发中一种突出的类型。在2000年左右，深圳的车公庙工业区就开始转型升级为科技园。一部分企业将多层厂房改造为办公空间出租给科技公司；一部分企业拆除厂房建设科技大厦。2010~2012年，长三角一些城市如上海、南京、苏州也出现了企业自发的工转研项目。

（2）政策推动时期：地方政府出台政策和规划推动工转研，并与企业形成多轮博弈。2009年广东省率先开展三旧改造探索。深圳、广州等城市推出的涵盖工转研的三旧改造政策、城市更新政策。2013年前后长三角地区多个城市推出了一系列专门的工转研政策或包含工转研的再开发政策，与政策相伴，同期出现了一批以工转研为主的规划。这些工转研相关政策并不能一步到位，往往是政府先推出政策试探市场的反应。如果企业没有踊跃地开展再开发、市场反应冷淡，政府就需要调整推

出新一轮政策。

　　按照地方政策的关键变化，政策推动时期又可以分为三个阶段。第一轮政策阶段：政策允许原企业进行工转研，设置专门的科技研发用地类型，可以按照城市规划改变用地性质。这是地方政策层面用土地使用权代替土地发展权的制度变革。第二轮政策阶段：政策允许市场主体参与工转研，社会资本可以采用单独或与原土地使用权企业联合的方式实施再开发。这是市场化变革，允许土地发展权在一定范围内（限定的再开发项目）进行有限交易（合作或收购）。第三轮政策阶段：从政策性产业用地转向政策性产业用房，放宽工业楼宇转让限制。政策鼓励建设创新型产业用房、双创空间等专门的建筑用房。第一轮和第二轮政策阶段往往间隔很短。在两三年之内政府就发现仅仅依靠原企业进行再开发是不够的，需要引进社会资本参与到再开发之中。深圳在 2009 年开始第一阶段，2012 年进入第二阶段，2013 年已经率先进入第三阶段。南京在 2013～2014 年两年内经历了第一和第二阶段。

四、开发区工业空间转科技研发空间存在的问题

　　通过对当前工转研实践的调查、访谈与案例分析可以发现工转研中存在的问题。这些问题在政府采取政策推动工转研的时期更为明显。

（一）低效产业用地转型发展科技研发的矛盾

　　"低效产业用地再开发"与"推动原企业再开发"存在逻辑上的矛盾之处，恰恰是原企业低效率、低产出地使用了工业用地，才会被选定进行再开发，而政府却鼓励和期望这些企业转型发展科技研发，并将土地开发成为高效率的科技研发空间。其实最可能的结果是开发成为标准相对较低的科研办公空间，其产出取决于招商入驻的众多企业，虽然产出高于工业用途，但与市场上其他科研办公空间相比产出低的可能性较大。此类空间产品丰富了市场，增加了科研办公空间的层次与价格梯度，为中小型企业带来了更多的选择，但并不是最有效率和最贴近市场需求的供给方式。

　　这种类型的再开发政府推力大于市场拉力，供给方的动力大于需求方，可以说政府对市场的干预程度过高。更有效率的再开发应该是市场驱动、需求拉动、依靠价格机制进行资源配置。历史学家黄仁宇说过"学术研究的目的不是发现和批评荒谬，而是发掘、揭示荒谬背后的逻辑和道理"。剖析上述矛盾现象，可以发现其产生的原因在于：企业生命周期（有研究认为平均 7 年）与工业用地出让年期（50 年）不匹配。政府虽然出让了土地使用权但拥有土地所有权（可以看作是将土地出租），

政府视之为对自己土地的经营,在年期之内想要提高土地产出,有动力修改规则、改变用途、提高强度。土地产权不能自由、方便地交易转让,因而土地不能转移到最有效率使用者手中。产业政策应该鼓励工业产出高、经营好的企业向研发延伸升级,而不是选出产出低、盈利低的企业转型发展研发。这一矛盾是产业政策与土地政策结合的副作用。地方政府又想开发又想引导产业转型。政府进行平衡的方式是要求企业一定比例自持、一定比例可售,限制开发主体和销售对象为科研认证企业,然而这些限制又降低了原企业再开发的愿望,有足够再开发意愿的企业也能够通过某些方式获得科技企业认证。这样的平衡也只是暂时的权宜之计,能够实现潜在利润的制度变革方向应该是进一步界定产权和趋向市场配置,同时逐步减少政府干预。

(二)重签土地合同的问题

由于不能单独购买土地发展权而只能重签土地使用权出让合同,因此再开发需要重走全部开发程序。交易成本高使得用途改变不容易实现。土地发展权不能单独定价。补交土地出让金不仅涉及两种土地用途之间的差价,还要扣除现有建筑物的价值。这种价格计算的思路与增量开发中对农民的补偿和旧城改造中的拆迁补偿相同。涉及建筑物、构筑物估价使定价复杂化,如果估价过低则对原来建设强度大的企业不公平(建设强度高本来是鼓励的);如果估价过高则可能导致企业以抵扣土地出让金为目的的低标准建设(类似情况出现在旧城旧村改造和农村拆迁中),而且容易滋生腐败。单独设置土地发展权可以更为简单直接地定价或议价,仅是土地使用权人向政府购买土地发展权,不需要重新复活早已废止的土地使用权协议出让,也不需要牵扯政府对土地使用权人的建筑物补偿等其他部分。

(三)工转研限制条件的矛盾

企业希望扩大销售对象,而政府希望限制销售对象为科技企业,以此来促进科技研发、片区产业升级。这样的限制政策增加了销售难度,削弱了对原企业再开发的吸引力。政府大力鼓励工业用地再开发,为什么还要设置苛刻的限制条件呢?原因在于地方政府还是很希望产业扶植政策能够发挥引导产业转型升级的作用,而不希望工转研项目完全变成科技地产开发。即便是市场化程度更高的深圳,其作为产业扶植政策的创新型产业用房政策也还是带有一些限制条件的。政府管理空间用途的方式是限制销售对象为科技企业,其具体操作是看企业是否具有科技企业认定。这种方式将空间用途管理转变成了企业认定管理。虽然科技企业经过认定可以进入,但入驻以后从事什么类型的经营活动却难以管理。

（四）市政设施扩容

根据企业的反映，市政设施扩容是开发区再开发面临的严峻问题，特别是扩容的时机不好掌握。在片区再开发的初期进行大规模的市政设施扩容无疑是有风险的，也会在一段时间里处于闲置或低效利用的状态。政府缺乏压力和动力在最初进行片区的全面市政扩容。但如果在再开发过程中迟迟不进行市政设施扩容，最先启动的工转研项目建成后会给原有市政设施造成压力，甚至缺水、缺电难以招租和运营，影响整个片区再开发的市场信心和动力。

（五）工业用地污染检测与治理

工业用地具有较大的土壤污染可能性。污染治理将会造成再开发成本的急剧上升。环评由开发方或政府委托，不容易做到完全的客观独立评估，在相当长时期里在环境执法方面也不够严格。这些现实情况造成了极大的隐患。2016 年常州外国语学校毒地事件使人们再一次深切地认识到工业用地再开发的环境风险。如果不能保证严格有效的环境影响评价、污染检测与治理，工业用地再开发之后难免会出现类似的影响空间使用者身体健康的问题。美国棕地再开发中特别关注土壤污染治理，提供了很多方法、技术和资金补贴制度等方面的参考借鉴。

第二节　开发区工业空间转科技研发空间的类型与特征

一、开发区工业空间转科技研发空间的类型

类型是以某种角度对现象的划分和归并。工转研现象存在多种划分类型的方式。通过以不同的角度可以观察现象的复杂性和特殊性，更清晰地认识工转研现象。

（一）以转变后的用地性质划分

第一类，工业用地转为科研设计用地。用地类型在大类之间转变，在《城市用地分类与规划建设用地标准》（1991）中是从工业用地（M）大类变为公共设施用地（C）大类中的科研设计用地（C65），在新版《城市用地分类与规划建设用地标准》（2011）中是工业用地（M）大类变为公共管理与公共服务用地（A）大类中的科研用地（A35）或其他商务设施用地（B29）。有些城市在自己的城市用地分类中设置专门类型，如南京为科研设计用地（B29a）。这是最为正式的空间转型，需要在土地和规划两个部门履行改变用地性质的程序，甚至需要由市长办公会、规委会同意才

能进行，而且项目往往同时提高容积率，需要花费的时间比较多，近年来由于政策鼓励使得时间成本减少。

第二类，在工业用地大类之内转为生产研发用地。在工业用地大类之内进行中类转变，往往是城市政府设置了新的用地类型如生产研发用地、创新型产业用地或新兴产业用地等，如从 M1、M2 转为 Ma、M0 或 M4 等。不同地区城市有不同的政策和用地类型名称，一般经过规划局和国土局批准就可以进行，不需要多部门、高级别的程序。对城市规划在用地性质上的改变较小，规避了复杂的行政程序，节省了时间成本。

第三类，工业用地性质不变，仅改变工业建筑使用功能。将原有的工业建筑改造为适合作为科技研发办公使用的建筑空间，与前些年流行的创意产业使用工业建筑的方式相似，是一种非正式更新。工业建筑改造为研发办公建筑没有较大的技术障碍。标准厂房一般层高 4 米左右，能够满足正常办公需要，如果层高很高还可以做夹层。标准厂房一般是钢筋混凝土框架结构，多层厂房配以基本的楼梯、电梯、卫生间等辅助设施。标准厂房比生产目的性、工艺性、针对性强的厂房有着更大的灵活性，改造为研发用途的办公楼的难度不大，空间上大开间可以灵活分隔和使用。科技研发建筑可以分成一般研发办公建筑和有特殊空间要求的研发建筑。厂房改造为前者比较容易，主要考虑能满足办公建筑要求即可，改造为后者要看具体的设计要求。

（二）以开发主体划分

按照开发主体可以分为原企业再开发、开发商开发、联合开发、科技企业购地开发、园区公司开发等。当前最常见的主体是原企业。

原土地使用权企业要进行工转研，有正式更新（改变用地性质）和非正式更新（不改变用地性质）两种路径。正式更新的方式包括：（1）原企业走招拍挂程序、重新签订合同；（2）原企业补交土地出让金、重订合同。非正式更新的方式：（1）利用发展创意产业的政策把厂房改造为创意产业园；（2）企业自行将厂房改为科技研发办公用途自用和出租。

从事工转研项目的开发商往往已经具有一定的科技地产或办公地产开发经验。开发商参与再开发的形式有：（1）招拍挂拿地开发，这是最正式的形式；（2）按照当地再开发政策与原企业成立股份公司合作开发，在深圳城市更新中称为社会资本参与再开发；（3）此外开发商还可以收购原企业从而获得该地块的再开发权利。收购工厂是开发商参与工转研的一种变通的方式，在符合原有规则的情况下绕过了土地买卖的直接约束，实现了土地产权的市场转移。例如北京某投资公司首先操作工厂的转型升级，名义上转型发展 LED 之类的新产品研发和生产，在获得政府批准立项之后进行实质性的企业收购，最终目标是开发建设研发办公楼出售和出租。这种自行操作的方式，土地成本比招拍挂购买一块同等区位条件的办公用地要低得多，但交易成本显然比政策鼓励的情况下要高。开发商为了绕过原有的制度性约束花费了很多沟通、操作的交易成本。

科技企业购地开发也是一种正式的形式，完全可以按照招拍挂程序购买一块科技研发用地，建设自用的研发中心。

园区公司一般是园区管委会下辖的国企，将低效或破产的工业用地购回，开发成为孵化器等科技研发空间。上海的开发区常常出现这种类型，例如市北工业园和漕河泾开发区都出现过这类项目。但由于园区公司自有资金限制，这种类型不可能成为广泛出现的、大比例的主流类型。

（三）以工业用地是否已经建设划分

物质空间转型：已建设地块的工转研，一般为开发区一期或启动区等最早开发的片区。土地已经作为工业用地进行了实质性的开发建设。由于城市快速的扩张，这些片区在城市中的区位发生了变化，已经成为主城边缘区或者副城的中心区，继续作为工业用地使用已不适应城市发展需要。在当前的再开发政策下有一些的工业用地被规划为科技研发用地，需要进行拆除、改造或重建然后才能作为科技研发空间使用。例如南京的江宁经济技术开发区。

图纸空间转型：未建设地块的工转研。有的工业片区实际上并未建设（包括未出让和已批未建），仅在图纸上为工业用地，其转型也是图纸上的空间转型。这样的工业用地进行再开发与已建设地块需要进行的程序基本一致，区别在于没有厂房需要拆除或改造，补交土地出让金也不涉及建筑物的估价和赔偿。由于工业企业过多圈地，整地块或局部没有建设处于闲置状态，在低效用地再开发政策和存量规划中都特别关注产业园区闲置土地。

例如 2009 年东莞松山湖北部工业城控制性详细规划调整，将并未建设的 D 区工业用地调整为以研发办公为主，集商业、休闲、文化等设施于一体的复合功能区。高新产业用地（M1）占建设用地比例从 52.23%降到 35.22%；科研设计用地（C65）从 78.72 公顷增加到 204.11 公顷，占比从 7.6%提高到 19.7%。

（四）其他划分方式

以转型后的实际使用功能可以分两类：实质转型和名义转型。实质转型是转型后空间实际作为研发用途。名义转型是仅在名义上成为科技研发空间，转型后空间实际作为商务办公、酒店式公寓等其他用途，是一种打擦边球的方式。这个划分标准很难界定、测量、证实和使用，实际上这也正是后期监管的难点。

以转型后的土地登记用途划分。由于工转研中土地使用性质转变和土地出让金是根据国土部门的土地分类体系确定的。相关政策一般是以国土部门的土地制定相关条款，因此根据《土地利用现状分类标准》（GB/T 21010-2007），按照转型后的土地登记用途划分是一种直接的方式。可以分为工业用地、科教用地和新地类。新地类如浙江出现的创新型产业用地。在国土部门的土地登记用途转变之后，与之相应的城市规划用地性质也发生转变。

二、开发区工业空间转科技研发空间现象的特征

特征是排他性的特殊性质，对特征的描述性研究有助于更清晰地认识工转研现象。

（一）再开发现象：多为原土地使用权企业进行再开发

在工业用地转为各种不同用地的再开发中，工业用地转为科技研发用地是很晚出现、近期才多起来的新的再开发类型。工业空间转科技研发空间是一种再开发项目，因而工转研现象首先是一种再开发现象，目前很多是原企业进行再开发的情况。

近些年随着产业转型升级，很多城市出现了越来越多的科技地产项目。一些开发区也出现了利用科技研发用地建设孵化器、企业自建研发中心的建设项目。根据戴德梁行发布的数据，2010 年上海工业用地供应中有超过 66%的为研发型工业用地。[①]还一些开发商利用科技研发用地曲线开发房地产。策划机构甚至推出了工业用地如何开发非工业物业的开发策略。

伴随着科技地产的发展，城市开发实践中已经出现了工业用地转科技研发用地的再开发项目。调研表明工转研项目作为一种开发区再开发的新类型正在增多。项目大多数为半科技地产（按照地方政策一部分自持、一部分出售），少数为由于原企业自身研发需求而建设的自用研发中心。杭州的华立·创客天地利用华立集团在工业园区内的存量土地，改造为集智能硬件产业集聚区、跨境电商示范区、线下体验

---

① 陈哲："产业升级棋至中盘，上海工业用地多投向研发"，《经济观察网》，2010 年 12 月 28 日，http://www.eeo.com.cn/2010/1228/190128.shtml。

中心和文化创意街区为一体的科技创新园区。杭州 555 电商创意产业园原为杭州杰丰服装有限公司老旧闲置厂房，引进电商运营企业合作将厂区整体改造成为花园式电商办公园区。①

当前的开发区工转研代表性项目案例有苏州工业园的腾飞新苏工业坊，南京江宁开发区的大树智能科技中心、和建大厦，南京江宁高新园的南苑科技研发大厦、南京美集电子科技研发楼等项目。腾飞新苏工业坊从 2011 年开始筹划、2013 年开工建设至 2015 年已经完工，从原来的工业地产（出租标准厂房）转型为科技地产（出租科技研发办公空间），将原有的标准厂房部分改造、部分拆除重建办公楼，建成后出租给中小型的科技公司（图 2–2）。腾飞新苏工业坊是原企业自发进行的空间转型，虽然不是在苏州市或苏州工业园正式的专门政策引导下出现的，但苏州工业园已经有大片区的转型规划，对于工转研有意愿和考虑，因此在办理过程中容易得到非政策形式的政府帮助，比如特事特办、加快审批从而节约了时间等交易成本。工转研这种再开发项目其表现形式是空间的用途发生变化，同时空间的形态、强度与品质也发生变化。

图 2–2 苏州工业园腾飞新苏工业坊效果图

资料来源：新加坡腾飞新苏置业（苏州）有限公司

（二）规划现象：在开发区空间成片转型

工转研还表现为一种规划现象，而且空间上在开发区集中成片转型。城市存量

---

① "我区盘活低效用地，提高土地利用效率"，《余杭晨报》，2015 年 10 月 27 日，http://www.yuhang.gov.cn/zjyh/ jryh/news/201510/t20151028_1021906.html。

工业用地再开发的实践探索往往是规划先行，即使处于研究阶段也会通过规划进行研究。一些开发区进行了再开发的规划探索，在规划中大比例的工业用地转为科技研发用地。

东部地区很多城市进入从增量开发转向存量开发的时期。大量的工业用地存量催生了工业用地转为各种其他用地类型的再开发。工业用地可以分为市区的零散工业用地、集中的老工业区和集中的开发区。这三种工业用地都会出现存量开发。市区中的零散工厂在改造开发中转为科技研发用途的情况出现得比开发区要早，因为开发区建设起步于1984年。市区老工厂已经进入了物质性与功能性需要更新的时期，而开发区进入再开发阶段是近几年的事。工转研项目先在工业基础强而又有较强科技创新能力的城市出现，然后由于模仿和复制在其他城市出现，先在市区出现然后在开发区出现。与最初设立的国家级开发区不同，省市级开发区和后来才晋升为国家级的开发区，其最早开发的片区内企业往往规模小、产值低、生命周期短，因而更容易进入再开发阶段，出现成片区的工转研现象。区别于市区零散工业用地的更新，在规划中的开发区工转研往往成片出现。一些城市有再开发政策又有规划，如深圳每年都有数十个的城市更新单元规划；一些城市没有出台专门政策但也推出了空间转型规划，如苏州的《苏州工业园CBD南、北工业区改造控制性详细规划》。

《苏州工业园CBD南、北工业区改造控制性详细规划》是苏州工业园的"退二进三"规划，中期目标是向工贸研混合区逐步转型，加大研发投入、吸引企业总部入驻；远期目标是向城市公共功能逐步转型，形成研发总部和创意产业聚集区。规划强调"政策引导+企业意愿+市场选择"，引导产业转型、走内涵式发展模式、加大研发投入，形成南北两片智力密集区并与CBD互为补充（图2–3）。在该规划中工业用地大幅度减少，从2011年现状的285.69公顷（49.38%）减少到2020年规划的77.14公顷（12.99%），远期进一步减少到19.46公顷（3.27%），而且2020年后的工业用地全部为Mxy创新型产业用地（表2–1）。减少的工业用地主要转变为公共设施用地（含科研设计用地）、居住用地和道路广场用地。科研设计用地从2011年现状的31.56公顷（占比5.46%）增加到2020年的90.25公顷（占比15.20%）。现状工业用地有21%转变为C65科研设计用地，27%转变为Mxy创新型产业用地，两者合计占现状工业用地的近一半。

表 2-1 《苏州工业园 CBD 南、北工业区改造控制性详细规划》用地汇总

用地代码	用地名称	2011 年现状		2020 年规划		2030 年规划	
		面积（公顷）	比例（%）	面积（公顷）	比例（%）	面积（公顷）	比例（%）
R	居住用地	52.92	9.15	106.51	17.94	138.72	23.30
C	公共设施用地	49.32	8.53	164.05	27.63	173.30	29.11
其中 C65	科研设计用地	31.56	5.46	90.25	15.20	99.50	16.72
M	工业用地	285.69	49.38	77.14	12.99	19.46	3.27
其中 Mxy	创新型产业用地	—	—	77.14	12.99	19.46	3.27
S	道路广场用地	90	15.56	126.74	21.35	133.70	22.46
U	市政公用设施用地	41.57	7.19	43.25	7.28	46.11	7.75
W	仓储用地	0.87	0.15	0	0	0	0
G	绿地	58.16	10.05	70.30	11.84	71.93	12.08
合计	城市建设用地	578.53	100	593 69	100	595.25	100

资料来源：江苏省城市规划设计研究院。

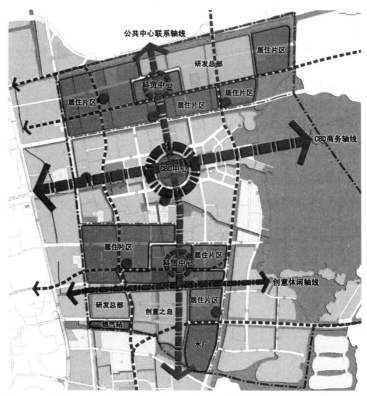

图 2-3 《苏州工业园 CBD 南、北工业区改造控制性详细规划》布局结构

资料来源：江苏省城市规划设计研究院。

在对苏州工业园管委建设局的访谈中发现，苏州工业园虽然 2011 年就编制了"退二进三"规划，但政府并没有出台政策措施强力推行再开发。而且规划实施上遇到了特殊的问题。第一个问题：园区企业想在合同允许的容积率范围内建二期厂房。由于控规已经改变，政府批准则不符合新的规划，如果不批则违反合同法和物权法。第二个问题：苏州工业园早期招商招来的是很好的企业，该区域有大量世界 500 强企业和投资总额过亿美元外资企业（世界 500 强企业投资项目累计 24 个，占中新合作区一区规模以上企业总数近三分之一，投资总额 1 亿美元以上外资项目累计 22 个）。这些企业生产状况比较好，短期内一般没有进行再开发的必要性和可能性。苏州工业园的再开发和工转研情况与其他城市开发区很不一样：首先，原有规划（一期）预留的中心区有大量商业服务用地，工业用地更新的压力和需求不大；其次，一期南北工业区有不少大型生产企业，现在依然发展良好，企业转型和再开发的动力不大；最后，新版总规将一些未出让的工业用地改为工业研发用地，一定程度地满足了此类用地的市场需要。

（三）政策现象：多城市出台相关政策时间集中

当前工转研现象最突出的特点是很多城市在同一个时期集中出台相关政策。2013 年以来一批城市政府集中地颁布了涉及工业与科技研发用地的政策，对工业用地再开发活动进行引导和管控，如深圳、上海、南京、杭州等（表 2-2）。2013 年以前一般是综合性的城市更新政策或旧工业区改造政策，其中包括旧工业区更新、转型科技研发的内容，如 2009 年的《深圳市城市更新办法》和广东的三旧改造政策。2013 年之后多地出现了与"工业用地转科技研发用地"密切相关的专门政策，其中直接相关的城市政策如《深圳市人民政府关于优化空间资源配置促进产业转型升级的意见》、上海市《关于增设研发总部类用地相关工作的试点意见》、南京市《关于进一步规范工业及科技研发用地管理的意见》等。

值得注意的是，深圳最早出现了工转研项目，并长期使用旧工业区更新、城市更新政策进行管理，但在 2013 年开始的政策热潮中也制定了与工转研关系更为密切的政策，在深圳重要的"6+1"文件中有 4 个政策与工转研相关。而苏州工业园虽然做了工转研导向的规划，但市政府和工业园管委在 2013～2014 年并没有出台专门的工转研和再开发的鼓励政策，而是用原有的法规、政策（《工业研发用地管理办法》《园区规划管理技术规定》等）以及专门会议的方式对企业自发的工转研项目进行管理。杭州市为推动产业结构调整与经济转型升级，制定《关于规范创新型产业用地管理的实施意见（试行）》，明确了 2.5 产业的用地机制，理顺工业用地、创新型产业用地和商服用地三者价格体系，建立合理的价格梯度，支持和保护创新型产业发展空间。余杭区 2012 年和 2013 年出台了《关于支持科技型中小微企业发展的若干政策意见》和《关于加快推进工业园区提升改造的实施意见（试行）》等针对存量土地盘活的指导性文件，启动了科技创新"523"计划和工业园区提升改造三年行动计划，掀起了低效用地再开发的热潮。2014 年新增建设用地供应量减少 37.82%，存量建设用地的再开发在经济发展中起到了至关重要的作用。

表 2–2　各城市工转研相关政策

城市	年份	政策名称
深圳	2009	深圳市城市更新办法
	2012	深圳市城市更新办法实施细则
	2013	深圳市人民政府关于优化空间资源配置促进产业转型升级的意见
	2013	深圳市完善产业用地供应机制拓展产业用地空间办法（试行）
	2013	深圳市创新型产业用房管理办法的通知（试行）
	2013	深圳市工业楼宇转让管理办法（试行）
上海	2013	关于增设研发总部类用地相关工作的试点意见
	2014	上海市低效工业用地标准指南（2014 年版）
	2014	关于本市盘活存量工业用地的实施办法（试行）（25 号文）
	2014	关于加强本市工业用地出让管理的若干规定（试行）（26 号文）
	2016	本市盘活存量工业用地的实施办法（22 号文）
南京	2012	南京国土资源管理转型创新总体方案
	2013	关于进一步规范工业及科技研发用地管理的意见（2013 年 1 号文）
	2014	市政府关于进一步加强工业科研用地供应管理工作的通知
	2014	关于推进城镇低效用地再开发促进节约集约用地的实施试点意见（2014 年 81 号文）
	2014	关于工业科研用地供地管理有关规定的实施细则
	2016	南京市城镇低效用地再开发工作补充意见
	2016	南京市城镇低效用地再开发操作实施细则
	2016	市本级土地协议出让审批与管理工作规则（试行）
杭州	2014	关于规范创新型产业用地管理的实施意见（试行）
	2015	进一步优化产业用地管理、促进土地要素市场化配置的实施办法
	2015	杭州市工业用地规划管理若干规定

2012~2016年南京市出台了八项相关政策。其中一些是针对工业用地和科技研发用地从而直接涉及工转研的政策（三项），一些是关于低效用地再开发从而包含了工转研的政策（五项），其中最关键的政策是《关于进一步规范工业及科技研发用地管理的意见》（2013年1号文）和《关于推进城镇低效用地再开发促进节约集约用地的实施试点意见》（2014年81号文）。2013年1号文对工业用地转为科技研发用地做出了比较详细的规定。南京的工业用地转科技研发用地的项目已经出现，而政策文件是针对这类再开发项目的反映。以往对此类项目的管理不够规范，缺乏政策依据和统一的管理标准尺度，因此文件也是对基层部门管理需要的回应。文件出台之后这一类型的再开发成为可以常规管理的正常开发方式。从2013年1号文到2014年81号文表明，南京市从专门的工转研政策尝试转向将其嵌入再开发政策之中。

在考察地方实践从而归纳工转研特征的过程中出现了一些疑问：为什么地方政府在2013年前后集中出台存量开发政策？为什么这些政策偏爱工转研？为什么地方政策总是调整变化？为什么政府显得比市场更加主动？为什么规划常常在开发区划定一大片工转研？为什么常见的是原企业再开发？要回答上述这些疑问，就必须要深入分析工转研现象产生的动力和机制。

第三节　开发区工业空间转科技研发空间的主体动力

受城市政体理论影响，一般认为影响城市土地使用的力量来自于三方面，如张庭伟（2001）将影响城市的力量分为"政府力""市场力"和"社区力"，又如美国规划教材《城市土地使用规划》则表述为房地产开发者、公共官员和利益群体（菲利普等，2009）。然而，城市政体理论产生于具有联邦制、地方自治等特征的美国，基本假设是市场经济、私有企业、政府提供公共服务。城市政体理论中的政府是指城市政府，其理论模型中没有中央政府对城市政府的影响作用，这与美国的城市政府自治和分权程度较高是相吻合的。中国的政府结构、官员任免、经济体制与欧美发达国家有很大的不同。首先，中国的城市政府在空间开发决策方面比美国的城市政府更加强势。政府对市场有强大的干预能力，在片区和项目的再开发上有很大的影响力，而社区影响则非常微弱。何丹（2003）认为对于中国城市政体来说，"政府（国家）在各种资源分配中仍然占主导地位"。其次，中央政府掌握巨大的权力与资源，国家政策对地方政府有重要的影响作用，是地方政策的宏观背景，也是一些地方政策的直接原因，因此在中国城市研究中应用城市政体理论需要考虑中央政府与城市政府的关系。最后，政府与市场的关系与欧美发达国家不同，政府即外在于市场又置身于市场。在土地市场交易中，政府是规则的制定者，又是规则的执行者，还是土地交易的一方。政府可以在交易中获得直接的经济利益（土地出让金）。这些差异使得城市政体理论的三力模型需要进行修正才能用于分析工转研现象，其一，对中国城市的工业空间转型问题应增加中央政府因素的考量；其二，用"企业"作为一个主体力量而不使用"市场"。综上，工业空间转型有来自四个方面的力量：中央政府、地方政府、企业和社区。在城市政体理论三力模型的基础上构建空间转型的四力模型，可以从中央政府、地方政府、企业、社区四个方面对工转研进行动力分析，并确定工转研决策的主要动力（图2–4）。"他们试图通过维系、改变、开发和再开发土地确定未来土地使用性质和形态以满足城乡需求。每一类主要参与者都对持续进行的土地使用博弈产生了影响。"（菲利普等，2009）

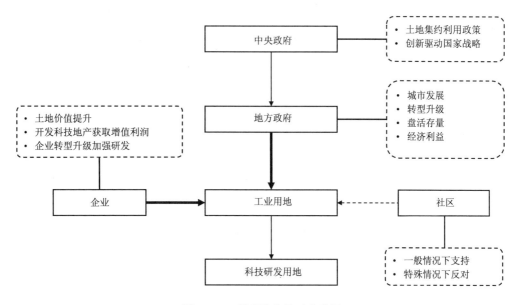

图 2–4　工转研的主体动力分析

一、中央政府

国家相关政策有两类，对工转研分别提供了推力与拉力：一类是土地集约利用政策，包括 18 亿亩耕地红线、城镇低效用地再开发等；另一类是创新驱动发展战略。

这两类政策都在 2012 年的十八大报告中被强调，从而达到其政策影响力的顶峰阶段，直接导致了 2013 年前后出现一批工转研地方政策。

（一）土地集约利用政策

土地集约利用政策的逻辑链条是：粮食安全——18 亿亩耕地红线——城镇建设用地增量控制——城镇存量用地开发。

中国人口众多、相对而言土地资源紧张，长期存在着对粮食安全的担忧。老年人经历过 1960 年前后的三年困难时期，很多出生在改革前的人也还存有计划经济时期的饥饿记忆。1994 年美国学者莱斯特·布朗发表《谁来养活中国？》，认为中国将面临巨大的粮食缺口，到时中国不能养活自己，世界也养活不了中国。1996 年国务院发布《中国的粮食问题》白皮书，向世界承诺中国人民不仅能养活自己，而且还将使自己的生活质量一年比一年提高。从国家到民众普遍形成了一种粮食安全观念，即中国的耕地和粮食生产必须要足以养活全国人口。

中国耕地保护政策的思想本源是对粮食安全的担心，而现实中中国和世界范围的耕地减少趋势更增强了保护耕地政策的合理性和紧迫性。根据联合国粮食及农业组织统计数据，世界耕地面积在 1990 年达到最高点之后开始减少；1961～2008 年世界人均耕地面积减少了 50.6%；与人均耕地面积持续减少的趋势相反，未来 40 年全球人口将呈现出持续增长的趋势。对人口大国和耕地大国的研究表明，1960～2007 年越来越多的国家耕地减少，90%的国家人均耕地面积减少（赵文武，2012）。世界范围的耕地总量减少、人口增长、人均耕地减少；中国的耕地也在减少、人口也在增长，这共同形成了一个不安全的变化趋势。早在 1980 年代原国家土地管理局局长王先进对中国耕地面积、粮食产量、技术进步、人均需要、人口增长等方面进行估算，在《科技导报》和《人民日报》上提出了保留 18 亿亩耕地的建议。2006 年"十一五规划纲要"明确提出，18 亿亩耕地是未来五年一个具有法律效力的约束性指标，是不可逾越的一道红线。2008 年《全国土地利用总体规划纲要（2006～2020）》重申要坚守 18 亿亩耕地的"红线"。2012 年十八大报告强调："严守耕地保护红线，严格土地用途管制"。2013 年中央农村工作会议强调将粮食安全作为底线，18 亿亩耕地红线仍然必须坚守，同时现有耕地面积必须保持基本稳定。中国逐步确立了最严格的耕地保护政策，将来耕地保护的数字可能随着人口、技术的变化而调整，但保护耕地维护粮食安全的思想观念不会轻易变化。

在全国土地总量一定的条件下，多年以来耕地与城市建设用地是此消彼长的关系。2003 年全国开发区规划面积达 3.86 万平方千米，超过了当时全国城镇建设用地的总面积（3.15 万平方千米），是 1993 年第一次开发区热潮高峰时面积的两倍多，开发区快速扩张占用了大量的耕地。据江苏省国土资源厅数据，"十二五"期间全省耕地净减少 30 万亩，人均耕地 0.86 亩，接近联合国的人均 0.8 亩警戒线。正是由于城市建设尤其是开发区占用耕地太多、耕地迅速减少，国家逐渐确立了以严守 18 亿亩耕地红线为核心标志的耕地保护制度。不允许占用耕地必然需要严格约束城市建设用地增长。严格的耕地保护制度导致严格的城市建设用地增量指标控制、建设用地有限供应。2012 年"十八大报告"强调："要节约集约利用资源"，"必须珍惜每一寸国土。要按照人口资源环境相均衡、经济社会生态效益相统一的原则，控制开发强度，调整空间结构，促进生产空间集约高效"。十八大后，国家对土地的宏观调控和管理日趋严格，对于城市建设用地增量的控制和土地集约利用的要求进一步加强。近年来全国国有建设用地实际供应总量、招拍挂出让总量在 2013 年达到顶峰之后开始减少。中央提出原则上不再安排 500 万人口以上的特大城市的新增建设用地。东部一些大城市粗放扩张的开发方式已经走到尽头。城市建设用地没有多少可供增加的余量。国土资源部的调查表明，2003 年以来 10 个经济发达地区土地后备资源（指可占用的耕地）减少 90%。以江苏省为例，"十三五"期间全省可开发整理用于占补平衡的耕地后备资源仅为 91 万亩，年均 18 万亩，不到一年用地需求的 1/3。[①]经济发达地区和一些大城市的建设用地已经不可能再以增量开发为主，必然转向存量开发。

在节约集约利用土地资源的思想下，城市开发建设必然走向增量开发与存量开发并存，乃至更多地依靠存量开发。土地资源约束倒逼经济发达地区，特别是东部大城市必须走向存量开发。2013 年原国土部发布《关于开展城镇低效用地再开发试点的指导意见》，以贯彻党的十八大提出的推动工业化和城镇化良性互动、城镇化和农业现代化相互协调的决策部署为指引，确定内蒙古、辽宁、上海、江苏、浙江等 10 个省份开展城镇低效用地再开发试点，推进城镇低效用地再开发利用，优化土地利用结构，促进经济发展方式转变。城镇低效用地是指城镇中布局散乱、利用粗放、用途不合理的存量建设用地[②]。该文件是 2013 年中央政府首次直接以用地再开发为

---

① 颜芳："江苏存量地再开发占半壁江山，土地利用出现拐点，从土地扩张走向效益提升"，《新华报业网》，2016 年 12 月 31 日，http://js.xhby.net/system/2016/12/31/030356604.shtml。

② 符合土地利用总体规划的下列城镇存量建设用地可列入试点范围：国家产业政策规定的禁止类、淘汰类产业用地；不符合安全生产和环保要求的用地；"退二进三"产业用地；布局散乱、设施落后，规划确定改造的城镇、厂矿和城中村等。

主题的重要文件，但地方实践更早就已经开展，如广东的三旧改造等。

土地集约利用政策的逻辑链条轻易不会改变，然而一旦改变，譬如放松新增建设用地指标，将会改变当前增量开发与存量开发的关系和演变趋势，对存量开发造成巨大的影响。阿马蒂亚·森在《贫困与饥荒：论权利与剥夺》一书中用不同国家的历史事实论证了大饥荒的原因不仅是食物短缺，更重要的是食物分配机制上的不平等。"在骇人听闻的世界饥荒史上，从来没有一个独立、民主而又保障新闻自由的国家发生过真正的饥荒。"经济学家茅于轼认为国外有足够的粮食生产和全球化的市场，发生饥荒的可能性是微乎其微的，值得担心的是把粮食安全和保护耕地面积联系起来。目前来看，粮食安全与耕地保护挂钩的观念已经是政府、行业、全社会的共识，只有极少数的学者提出质疑，可见这一观念不会轻易改变。然而耕地总量数据却在数量上带来了变化的余地，有可能占用的耕地余量发生了变化[1]，国土资源部《2013 中国国土资源公报》显示，2012 年底全国耕地 20.27 亿亩，2014 年和 2015 年的公报中耕地总量分别是 20.27 亿亩和 20.26 亿亩。当前耕地总量与 18 亿亩红线之间相差约 2.27 亿亩，合计 13.51 万平方千米。按照建设部的公告，2014 年底全国城镇建成区 9.6 万平方千米，其中城市建成区面积 4.98 万平方千米。[2]按照上述数据进行计算，理论上全国城镇面积可以在 2014 年的基础上增加一倍，仍然未触及 18 亿亩红线。如果出现一定程度放松新增城镇建设用地指标控制的情况，可能会减缓地方政府的土地资源压力，改变存量开发的动力基础。

（二）创新驱动国家战略

创新是经济增长的动力，是国家、地区与城市兴旺繁荣的关键，是当代企业的核心竞争力。2005 年中国"十一五规划"提出"致力于建设创新型国家"的发展导向，2010 年发展改革委公布了 16 个创新型城市试点，科技部公布了 20 个国家创新型试点城市（区）。全国许多城市开展了创新型城市、城区、创新型开发区的规划与建设。这些实践贯彻落实增强自主创新能力、建设创新型国家的战略部署，是加强国家创新体系和区域创新体系建设、推动城市创新发展的积极探索。2012 年十八大

---

① 2012 年国土资源部发布通报称 2011 年中国耕地保有量 18.247 6 亿亩。2007~2009 年进行的第二次全国土地调查直至 2013 年 12 月才公布：截至 2009 年年底中国耕地总量为 20.31 亿亩；比过去的统计多出约 2 亿亩。

② 住房和城乡建设部《2014 年城乡建设统计公报》。此外还有其他报告可以比较和印证，国土资源部《2014 中国国土资源公报》：2013 年底全国城镇村及工矿用地 30.61 万平方千米。中国土地勘测规划院《全国城镇土地利用数据汇总成果分析报告》：2013 年底全国城镇土地总面积为 8.58 万平方千米。

报告提出实施创新驱动发展战略，科技创新是提高社会生产力和综合国力的战略支撑，必须摆在国家发展全局的核心位置。至此，创新驱动上升为国家战略，对地方政府、地方政策的影响力达到了顶峰。

值得注意的是，2012～2014 年在中央政府层面创新驱动的产业政策并没有与土地政策结合在一起。二者的交织是在地方政策层面发生的。2013 年的一批城市政策乃至更早的广东三旧改造政策，地方政府将土地政策与产业政策相结合，才出现了再开发土地政策中对于工业用地转型发展科技研发或转型发展服务业的优惠条款。

此后创新驱动发展战略进一步演进。2014 年达沃斯论坛上李克强总理提出要掀起"大众创业""草根创业"的新浪潮，形成"万众创新""人人创新"的新势态。2015 年《政府工作报告》强调依靠改革推动科学发展，推动大众创业、万众创新，推动产业结构迈向中高端。2015 年国务院印发《关于大力推进大众创业万众创新若干政策措施的意见》。2015 年，在中央政府层面将创新产业政策与用地政策结合起来，原国土资源部联合国家发展改革委、科技部、工信部、住建部、商务部等六部委联合发布《关于支持新产业新业态发展促进大众创业万众创新用地的意见》，保障以《中国制造 2025》、"互联网+"等为代表的新产业的用地需求。其中特别提出"鼓励盘活利用现有用地"：原制造业企业和科研机构整体或部分转型、转制成立独立法人实体，从事研发设计、勘察、科技成果转化转移、信息技术服务和软件研发及知识产权、综合科技、节能环保等经营服务的，可实行继续按原用途和土地权利类型使用土地的过渡期政策。这样，"大众创业万众创新"直接对应了用地。科技研发空间需求可利用现有用地再开发。

二、地方政府

本书中的地方政府从层级上包括省政府、城市政府、区（县）政府和开发区管委会，其中城市政府是最主要的制定工转研地方政策的层级。区政府和开发区管委会多数情况下是采取措施执行政策的层级。省政府一般是贯彻传递国家政策的层级。此外由于不同地区在梯度开放和分权化改革中制度供给能力方面的差异，城市政府之间也存在着地区差异。

地方政府企业化理论可以用来解释中国地方政府在工转研中的行为逻辑。地方政府企业化理论区别于国外的企业化政府理论。前者是受到后者启发并产生于中国的理论。"政府企业化"的倾向即地方政府利用自己对行政、公共资源等的垄断性权力转变为经济人，追逐特定利益集团的经济与政治利益，导致中国地方政府企业化倾向形成与发展的关键是分权化、市场化与全球化。西方国家的"企业化政府""企业家城市"是强调通过企业化的管理技术对政府的组织管理模式进行改革，以提高政府的效率与效用。而"政府企业化"是指地方政府越来越明显地表现出原本属于企业的行为特征——追逐利益、更多地从自身的经济（政治）利益角度进行决策和行动（张京祥等，2006）。地方政府企业化的特征：行政区划为载体的空间行为指向，辖区 GDP 最大化；短期效益最大化的为目标的政府行为指向，本届经济政治利益最大化；政府绝对主导的城市政体指向，政府主导企业支持；不受约束的增长联盟为主体的社会管治指向，社会约束弱（殷洁等，2006）。地方政府积极地进行城市经营，除了通过各种战略规划和重大工程、市政设施建设提升土地价值，还成立政府背景的开发公司直接进行大型工程与房地产开发建设。地方政府通过工转研不仅仅是开发建设出科技研发空间以及获取经济利益，更重要的是利用这一契机开发和经营存量土地，推进产业转型升级与城市发展。

（一）城市发展

经济增长、完善城市功能、提升城市形象都属于城市基本的发展目标，是地方政府的职责。"工转研"有利于 GDP 增长、完善城市功能、提升形象等多重发展目标。地方政府相关政策往往都会在开头就明确地表述政策目的，这些政策目的普遍涉及上述城市发展的多重目标。如《深圳市城市更新办法》第一条"进一步完善城市功能，优化产业结构，改善人居环境，推进土地、能源、资源的节约集约利用，促进经济和社会可持续发展"。

（二）转型升级

地方政府将转型升级摆在重要的位置，创新驱动国家战略为地方政府指出了产业转型升级的方向。"工转研"是转型升级的需要。城市政府制定的工转研相关政策，常常将产业转型升级作为主要的政策目标之一。南京市《关于进一步规范工业及科技研发用地管理的意见》将政策目标表述为"促进我市产业结构调整升级"，《深圳市人民政府关于优化空间资源配置促进产业转型升级的意见》表述为"推进土地节约集约利用，优化空间资源配置，拓展产业发展空间，更好地促进产业转型升级"。

开发区作为城市最重要的产业平台和聚集区，是地方政府进行产业转型升级的重点区域。开发区初期享有一些特殊的优惠政策已经成为普惠政策，2001 年入世之后开发区优惠政策全面开放，2002 年开发区财政优惠政策到期，2007 年国家规定工业用地出让必须"招拍挂"。国家为促进中西部地区的开发推出了一些优惠政策，东部地区开发区面临转型发展的压力。开发区的政策优势已经随着开发区数量太多、政策普惠而失去。面对日益严峻的资源环境条件限制、国际投资减少、结构调整等压力，要想实现经济增长、产业转型升级、完善城市功能、提升城市形象等城市发展目标和地方政府职责，开发区必须转型发展。

在当前阶段开发区新的生机就在于创新驱动转型升级，创新驱动已经成为当前开发区发展的基本导向。各地开发区纷纷采取多种举措促进自身的升级转型、增强自主创新能力、为企业创新搭建服务平台。科技研发空间是创新功能的空间载体。科技研发空间能否有效使用，能否实现产学研紧密结合、良性互动，是增强城市创新能力、拉动产业转型升级与助力企业创新发展的重要一环。

（三）盘活存量

由于中央政府保护耕地、调控建设用地指标的政策，东部一些城市政府增量指标减少或无地可用只能盘活存量。在土地私有的市场中，企业是否有利可图（成本收益）决定了开发新地还是存量用地。而不完全的市场，土地供应方的计划决定了开发什么，在市场需求旺盛的城市里企业会主动开发存量用地，而在市场需求弱的城市里企业被政府推着进行再开发。中国东部地区很多城市的开发区都有大量的工业用地存量。由于当前开发区已经很难通过扩区而获得土地。一些开发区陷入无地可批的境地。开发区要想进一步发展就必须盘活存量用地，因此产生了工业用地转为各种其他用地类型的再开发。开发区工业用地转科技研发用地在创新驱动的背景下显得尤为重要，既能开发存量用地，又能促进创新发展。

根据原国土资源部的数据①，商服用地效率的增长逐步超过工矿仓储用地效率的增长，区域上呈现由西到东，由内陆到沿海递增的规律。2014年工矿仓储用地产出效益为665.9万元/公顷，商服用地产出效益为4 776.1万元/公顷，后者是前者的7倍多。2014年商服用地产出效益呈现"西部→中部→东北部→东部"的递增规律。东部地区的商服用地产出效益为西部的近3倍。2009～2014年，工矿仓储用地产出效益的增长速度逐步下降，而商服用地产出效益的增长比较平稳，从2012年起，增长率超过工矿仓储用地产出效益增长率，维持在8%左右。从土地利用效率上看，商服用地效率远远高于工矿仓储类用地。城市政府都有动力选取一部分工矿仓储用地转变为商服用地，东部地区比中西部更有动力进行存量开发。

---

① 《全国城镇土地利用数据汇总成果分析报告》，http://data.mlr.gov.cn/qtsj/201512/t20151229_1393418.htm。

（四）经济利益

地方政府可以获得的直接经济利益是土地出让金和与开发相关的税费，间接经济效益是产业转变之后增加税收。此外还有一种情况，地方政府成立国资公司直接进行再开发，获取开发利润。

城市土地国有和土地财政制度使得地方政府可以在工转研中获得土地出让金。从土地财政的角度来看，开发区再开发是地方政府获得了又一个获取土地出让金的机会。一批土地由于周围城市建设而升值。政府有机会将这些土地重新出让或者修改出让合同。这个机会不是像以前那样扩张土地、圈地卖地，而是在已经建设的土地上再开发。工业用地转变为其他用途，必然存在土地出让金的差异。在工转研中是否需要补交土地出让金、补交多少成为至关重要的影响因素。按照相关法规①，出让土地改变土地用途，签订变更协议或重新签订出让合同，相应调整土地出让金。2016年南京江宁高新园再开发中的土地出让金价格，工业用地价格35万/亩，转为自持科研用地100万/亩，转为可销售的科研用地300万/亩，转为商业办公用地600万/亩。如果该片区工转研的91.14公顷（1 367.1亩）都选择50%可销售科研用地，补交土地出让金总额为22.56亿元。

工转研提高了土地开发强度，提供了更多的办公空间。工业空间变为科技研发办公空间、商业办公空间。进入的科技企业、商贸企业等能够创造比工业企业更多的税收，提供更多的白领就业岗位。例如深圳市宝安区民治街道的旧工业厂房，通过城市更新拆除之后兴建了展滔科技大厦。2011年大厦一期160余家科技研发、电子商务研发企业进驻，估计年产值达到六七亿元人民币，成为"亿元科技楼"，由此而产生的税收也远远高于原来从事生产加工的时期。在南京江宁高新园的调研中，受访的某企业负责人表示，在该片区的工厂改为写字楼之后的税收可能是原来的百倍。

在土地国有、土地出让金归地方政府的土地财政制度下，地方政府经营土地，关心土地价值、效率、产出、税收，有动力主动推动土地用途转变，搬迁低效生产加工企业或者鼓励原企业进行再开发。

---

① 国土资厅函〔2010〕104号《国土资源部办公厅关于出让土地改变用途有关问题的复函》：根据《土地管理法》、《城市房地产管理法》和《协议出让国有土地使用权规范》等法律政策规定，出让土地改变土地用途，经出让方和规划管理部门同意，原土地使用权人可以与市、县国土资源管理部门签订变更协议或重新签订出让合同，相应调整土地出让金。但出让合同、法律、法规、行政规定等明确必须收回土地使用权重新公开出让的，不得办理协议出让手续。

三、企业

工业生产、空间开发、产业转型都是谋求经济效益的经济行为。工转研的基本动力来源于企业谋求经济效益最大化。工业生产在一个时期能够使企业获得最大的效益，而后一些企业为了增加市场竞争力和获取远期利益会加强研发。当工业企业的土地由于区位条件变化而提升了土地价值，企业就面临一个开发的机遇。如果土地新用途的产出减去空间转型的成本大于工业产出，空间转型就具有了经济合理性。加强研发还是开发科技地产，企业根据市场环境与自身情况做出的经济效益最大化的判断。

（一）土地价值提升

土地价值提升是企业和政府共同的最基本的动力来源。土地价值提升带来了潜在的利润，正是为了实现土地价值、获得潜在利润，地方政府和企业采取了一些行动。由于城市空间扩张，一些开发区变为城市内部。随着开发区与主城的交通设施一体化特别是轨道交通的建设，开发区的交通条件得到了极大的提升。区位和交通条件的变化使一些开发区启动区的土地价值大大提升，反映在价格上就是土地出让金提高。

根据阿朗索竞租理论，付租能力更强的经济活动将会占据区位更好的土地。地价差异导致城市土地的重新配置。工业企业的付租能力弱因此将会外迁，把更靠近中心区的土地让给商业、办公、高级住宅区。靠近城市中心区、副中心、地铁站点的工业用地，一旦允许改变用途，市场上有企业愿意为之付费进行再开发。

（二）开发科技地产获取增值利润

开发科技地产的前提是土地价值提升。进行开发的可以是土地的原使用权人，也可以是重新购地的新使用权人，还可以是原使用权人与开发商的联合体。土地价值提升使得再开发有利可图，可以转变的土地用途有商业、办公和住宅等，但具体允许哪种用途由地方政府制定的城市规划确定。在企业与政府的多轮博弈中，转科技研发用地逐渐显现出优势，成为当前再开发的热点。首先，科技研发用地的土地出让金介于工业用地与商业办公用地之间，企业的成本不会太高、政府也可以获得利益。其次，工转研可以改变用地性质为科研设计用地（C65 或 B29a），也可以保持用地性质不变，即工业用地大类下的工业研发用地（Ma，M4 或 Mx）。最后，当前政府鼓励工转研的政策环境下，企业办理相关手续会比较顺利甚至特事特办，节省时间,从而降低了交易成本。

企业建设了科技研发空间之后,可以按照政策规定进行一定比例的销售,自持部分也可以出租。江宁高新园的南苑缝制公司项目,地上建筑面积 2 万平方米,按南京政策可以出售 50%,预计售价 1 万元/平方米可以回收成本,而周边商业办公的售价是 1.2 万元/平方米。该项目有 2000 元/平方米的利润空间,此外还有自持的地上 1 万平方米办公空间和 1.3 万平方米的地下空间。

这部分工转研谋求的是开发科技地产的经济效益,是工转研的衍生类型,可以称之为"以创新名义的空间转型"。再开发完成之后,空间是否用于科技研发取决于后续入驻的各种中小型科技公司。这些科技地产一部分可能成为科技研发活动的聚集区,另一部分会成为综合性的办公区,后者的可能性更大。

(三)企业转型升级加强研发

在工业企业发展初期规模化生产能够使企业获得丰厚的效益。而企业发展到一定阶段会更加重视研发,力图向微笑曲线的前端延伸,以使创新的产品能够满足客户需求的变化,提高市场竞争力和市场占有率。这时一些企业会在北京等一线城市设立研发中心,也有一些工业企业利用自有的工业用地或购买新的土地,进行科技研发空间的建设。工业企业加强研发是一种基本的企业动力,由此产生工转研的基础类型,可以称之为"为了创新的空间转型"。然而现实中,单纯为了加强研发而进行的工转研项目很少,更多的是科技地产开发,或者研发与开发相结合。

四、社区

对社区动力进行基本的考察之后可以发现,社区或公众对开发区再开发的影响微乎其微,有时候仅仅是形式上的公众参与。在以往旧城改造中,老国企工厂的职工安置常常成为一个重要的问题,而在开发区再开发中主要涉及的是产权明晰的私营企业、合资企业,职工能够发挥的影响作用不大。一般情况下附近社区居民对工转研是支持的,因为工厂搬迁、建设研发办公建筑、提高公共环境质量等会给周边居民带来好处,但居民并没有什么渠道和积极性来表达这种支持态度。而在具体项目影响了一部分居民利益的时候,他们会非常积极的表达意见。目前可以观察到两种情况,第一种是对于一些烟尘、噪声等污染严重的工厂,周边居民会通过投诉、抗议等方式起到推动搬迁的作用。第二种是原有住宅被新建大楼挡了日照,这些受到影响的居民会在公示过程中强烈反对建设。南京江宁高新园胜创研发楼项目与尚景公寓距离较近，虽然日照分析满足法规的要求但也减少了日照时间，在规划公示阶段居民认为挡了光不能接受，该项目只好暂停。由此可见，社区作为一种监督、制约的力量，在社区居民利益受到侵犯的特殊情况下能够发挥推动或刹车的作用。但总体上开发区工业片区周边毗邻的居住用地并不多，能够出现利益相关的情况比较少，社区对工转研的影响在大多数情况下微乎其微，仅在特殊情况下有明显影响。随着公众参与、听证制度、法治进程，社区在将来可能会越来越多的发挥影响作用。

第四节　开发区工业空间转科技研发空间的博弈

主体之间博弈形成了工业空间转型的决策与行动，哪一组力成为主要动力通过博弈来决定。事实上地方政府和企业往往是主要的决定性力量。中央政府通过地方政府进行间接影响。当前社区仅在一些特殊情况下发挥影响作用。中央政府、地方政府、企业、社区四个主体力量作用于包含工转研在内的工业空间转型，主体力量之间形成了两组主要的博弈关系：地方政府与中央政府的博弈；地方政府与企业的博弈。博弈变革了制度，主导性的博弈发生在地方政府与企业之间，改变了地方政策、规划和合约这三个层级的制度。

一、地方政府与中央政府之间的博弈

央地博弈主要博的是政策，一方面中央用国家政策指挥地方政府，中央政府向地方政府给政策分权；另一方面地方政府跟中央要政策，地方政府响应和利用国家政策来解决自己的实际问题。

（一）梯度分权

改革开放之初的梯度开放格局（经济特区—沿海开放城市—开发区—内地），在"分权化"（罗震东等，2014）过程逐步形成了地区之间分权差异。"从制度上说，中国改革开放以来的经济成就，主要得益于政治集权下的地方经济分权制"（许成钢，2008）。例如广东在改革开放之初的要求就是中央放权，而中央给予广东和福建的也正是给政策的分权。①制度方面的梯度分权叠加了社会、经济、文化的差异，积累几十年之后造就地区之间的巨大差异。梯度分权使得地方政府的制度供给能力不同。不同地方政府制定了不同的工业用地再开发政策（含工转研政策），因此中国的工转研政策和市场表现也存在东部地区与中西部地区、南方与北方、大城市与小城市的差异。较早获得中央授权进行改革开放实践的地区和城市，一般土地开发进程更快并且更早地进入存量开发的阶段，较早地出现工转研项目和政策。深圳最早进行存量开发，上海较早出现了建设用地零增长，东部地区北方城市稍晚，中西部还处在扩张开发阶段。

梯度分权使得不同地区改变制度的成本不同，从而地方对中央政策的响应与变通不同。珠三角地区特别是深圳在改革开放中担当探索先锋。深圳政府学习香港积极不干预的政策，宽松管治、默许市场和企业进行多种创新尝试，在更新制度方面探索符合市场经济的方式。深圳具有更强的改变制度的权力，具有一定程度的立法权和自治权，可以用更低的成本实现制度变化，同时改变制度的目标是降低交易成本、提高经济效率。因此深圳的企业更早地面对交易成本足够低的市场状态，更早地开始工业用地更新的开发活动。长三角地区城市一般紧跟中央政策，在开发区再开发中也常采取行政管理手段如对低效企业劝退、不再批准工厂建设等，推动一些企业再开发。相比之下，中西部地区的城市政府制度供给能力弱，改变制度本身的成本相对较高。为了避免制度变革触动利益和规避政治风险，官员常常会秉承多一事不如少一事的态度，即缺少改变制度的权力又缺乏改变的意愿。

（二）"为我所用"

中央政府和地方政府的目标并不完全一致。中央政府相关政策的目标在于全局性的发展模式转型、保护耕地、集约利用土地。地方政府的目标在于充分利用有限的土地，推动产业升级转型，实现城市发展目标，获得经济效益。在中央政府—省政府—市政府—区政府—开发区管委会这个链条上，越靠近基层越关注园区的实际发展问题和经济效益。上层政府相关的不同类型政策都会被基层政府用来推动自身现实工作目标。从产业转型升级出发的退二进三、鼓励新兴产业、鼓励创新型产业

---

① 1979 年 4 月中央工作会议上习仲勋提出：希望中央下放若干权力，让广东在对外经济活动中有必要的自主权，允许在毗邻港澳的深圳市、珠海市和重要侨乡汕头市举办出口加工区。邓小平说：广东、福建有这个条件，搞特殊省，利用华侨资金、技术，包括设厂。中央没有钱，可以给些政策，你们自己去搞。当年 7 月中央批转广东省委、福建省委关于对外经济活动实行特殊政策和灵活措施的两个报告，决定在深圳、珠海、汕头和厦门试办特区。

等产业政策都可以与土地政策相结合，从而形成科技研发类用地管理政策、创新型产业用地政策、低效产业用地再开发政策，被市、区政府和园区管委会用来盘活存量促进工业用地再开发。换句话说，不论上层政府在下发这些政策的时候主要目的是什么，基层政府都将其转化成"为我所用"的利器，用来解决自己面对的实际问题，如新增建设用地不足、存量土地产出低、转型升级、拓展税源等。地方政府当然希望工业企业加强研发，建设自用的科技研发空间，但是如果工业企业想要进行科技地产的开发，地方政府也支持或默许，因为这两种方式都可以实现地方政府的盘活存量、转型升级的发展目标和经济效益。中央政府鼓励科技研发的政策，会被地方政府用来实现自身的目标，异化为鼓励开发科技地产、泛科技大厦的政策。

在中央政府与地方政府的博弈历史上，中央一旦放松土地政策，地方要会快抓、用足，也常常因此造成过度情况，反过来又促使中央收紧土地政策。1992～2003 年的两次开发区热和清理开发区就是央地博弈的激烈表现。正如刘雨平（2013）指出，"频繁的制度环境变迁反而强化了地方政府'抢抓机遇、用足政策、争夺资源'行为逻辑……地方政府需要及时发现新的可以利用和经营的资源，并抓住机遇'用足'政策，直至出现严重问题之后，央地再开始新一轮的博弈，如此循环往复"。地方政策对中央政策进行具体落实和变通异化，地方政策的波动即受到中央政策波动的影响，又有自身的变化。

（三）两类政策结合

在工业用地再开发中，工转研政策的特殊之处在于地方政府将土地集约利用政策与创新导向的产业政策相结合。工转研项目在遵循工业用地再开发的政策之外，还有鼓励转型科技研发的优惠政策。创新导向为存量工业用地给出了一个特殊的出路。两类政策在中央政府层面并没有结合，而是在地方政府层面结合在一起，用来解决地方政府遇到的盘活存量和转型升级问题。源于土地资源约束的土地集约利用政策给了工业用地再开发施加了推力。创新驱动、转型发展的产业政策，给出了工业用地转为科技研发用地（或转型发展服务业）的方向。中央政府在制定鼓励创新的产业政策时，也许没有想到会被地方政府将其与再开发政策结合起来，从而出现了资本以创新的名义继续进入地产的情况。地方政府制定土地政策的责任部门国土局也正是土地财政中的关键部门，国土局贯彻执行中央创新政策自然会将其与土地政策结合，更好地进行土地经营、城市经营。

二、地方政府与企业之间的博弈

地方政府通过改变地方政策和规划引导企业，企业个体如果选择再开发就会试图改变合同，市场通过众多的企业选择做出对政策的反馈。正如诺斯（2014）所言，组织及其企业家是制度变迁的主角，他们型塑了制度变迁的方向。这里的组织包括经济组织和政治组织。

（一）地方政府的角色

欧美发达国家、中国台湾的土地市场，政府外在于市场并且有时候采取政策干预市场。中国的城市土地市场与之不同，而且并不仅仅是常说的"政府即当运动员又当裁判员"，因为裁判只是在执行规则，而政府还制定规则，规则制定者这个角色常常被人们所忽视，更为准确的比方应该是政府担当了三个角色：参与游戏的运动员、执行规则的裁判员和制定规则的委员会（如篮协、田联）。政府既在市场交易之中是土地交易的供应方，又在市场之外，具有制定和改变规则的权力，还要保障规则的执行（保护产权、保障交易秩序、惩罚违约）。政府深度地参与和控制土地市场，已经不能简单地只用政府干预市场就可以描述这种特殊的状态。市或县政府是一个地方土地市场的唯一供应方。政府制定市场规则并保障规则执行，政府强有力地控制土地市场而并非一般性的干预市场。

在工转研中，地方政府的关键角色是规则制定者。关键作用在于许可，划定范围允许一部分工业用地进行这种类型的再开发，允许一定比例的科技研发空间产品进入市场。这种划定范围的许可是通过政策和规划来实现的。

（二）政策波动

在地方政府与企业的博弈中，政府出台工业用地更新政策，再根据市场的冷热调整政策，这样就形成了政策波动。这一过程符合诺斯（2014）的观点，"制度与组织的交互作用决定了制度变迁的方向"。政策波动反映在工业用地更新上，一方面是阶段性的松紧收放，如上海的工业用地更新政策经历了多轮博弈呈现出"放松—收紧—放松"的阶段性波动（冯立等，2013）。另一方面，不同阶段工业用地更新政策倾向于鼓励不同的更新形式。工业用地更新在每一个政策时期都有不同的主流空间产品。较早的工业用地更新中出现过住房开发的热潮，之后出现了创意产业园区开发的热潮，当前以科技研发为突出现象，其中也存在厂房改造和新建科研大厦等类型的科技研发空间产品。不同工业用地更新方式的热潮是表象，本质是企业与政府博弈中找到的盈利产品。在上海的企业与政府的博弈过程中（郑德高等，2015），增加工业研发（M4）地类时很多企业选择这种低成本的更新方式，政府由于土地增值收益少不倾向于工业研发；政府倾向于更新为商务办公（C8），但由于成本太高，企业选择的少；当政策鼓励研发总部类用地（C65）时，企业的收益达到可以开发的门槛，于是很多企业选择了研发总部类用地。工业用地更新时土地使用权发生变化，不仅要付出地价还存在交易成本。政策改变逐渐降低交易成本，交易成本足够低的时候更新才能够顺利发生。对于企业来说，一方面是科技研发用地的成本适中，优惠政策下的地价介于办公和工业用地之间，而容积率甚至可以与办公用地一样；另一方面是由于政府鼓励工转研而使得交易成本降低。

工转研如果严格按照最初政策（限制销售对象为科技企业），其对应的市场需求较小，后续政策很可能会逐步放宽销售对象，使其能够涵盖一部分办公市场需求。用工业用地开发的研发办公空间，对办公楼宇市场可能产生冲击，其优势是由于土地出让金的差别产生的成本和价格优势。访谈中也有人认为两种办公空间的区位、环境、品质不同，各有利弊，不一定会有直接的竞争。政策对于工转研还有一些特殊的限制，例如必须全部建设完成审核之后才发销售许可证，这使得开发投资回收的周期变长，一定程度上制约了进入市场的数量规模。从直接收益上看，地方政府更关注还有哪些土地可以出让，而不太顾及已经出让并建设的办公用地，这是土地财政决定的选择。这种利益格局决定了政府对于伪转型、泛科技大厦的态度，基层政府并不愿意严控严查实际用途而是默许开发，在经济形势不好的时期更会减少限制。2013年工转研政策出台的时候，同时考虑盘活工业用地存量和促进产业转型升级，第一批政策普遍比较苛刻。到了2015年，国家经济增速减缓，经济形势严峻，在这样的压力之下的低效用地再开发政策更多地考虑存量开发，减少了分割销售方面的限制。企业自持进行研发、开发科技地产两种途径都可以到达产业转型。地方政府对空间是否真正的用于科技研发并不十分在意，企业能进行研发活动以实现升级自然是最好的，但是如果不能，从工业生产转型为科技地产、开发办公楼也是可以的。

（三）企业选择

企业为了谋求经济效益，根据政策和市场状况选择是否进行再开发，是否响应当时政策鼓励的工业用地更新方式，开发什么空间产品。企业选择最终决定了工业用地更新不同时期的空间产品差异，也决定了当前的工转研。不同时期的工业用地更新政策导致成本和交易成本不同。企业通过计算成本和收益决定做不做再开发，开发哪一种空间产品，真做还是变通。原企业如果不能分享足够的开发利益，就不愿意将土地交出来招拍挂，而是维持原有的低效利用状态。当政策允许原企业自己进行再开发并且企业可以获得土地发展性收益时，一部分原企业才有动力进行再开发。

一些城市"工转研"中存在异化的情况，名义上转为科技研发空间，实际上是办公等用途。这是企业根据市场环境和风险做出的选择，也是当前这些城市鼓励"工转研"的政策环境造成的。上海已经在政策层面研究和尝试工业用地向办公用地的彻底更新，而深圳工业用地楼宇化的现象更为明显。深圳以非正式更新方式形成的工业楼宇长远来看会改变为办公用地性质使之与空间用途相符。随着市场环境和政策变迁，未来工业用地更新的指向是办公用地。"工转研"是转型时期的过渡现象，转型之后进入一个稳定发展时期。特殊背景特殊政策下的"工转研"将会减少，科技研发用途的空间需求将会在办公用地中获得。

（四）"议价"及交易成本

需要指出，并不是一个政策文件就决定了工业空间如何转型科技研发空间，虽然政策条款做出了具体的规定，但是一个政策或者一组同期政策往往只是一次"出价"，是长达数年讨价还价的一部分，企业做出不同选择回应"出价"。"政策波动+企业选择"形成的多轮博弈过程是一个"议价"的过程。这个"价"不仅包括土地价格，还包括再开发的主体资格、销售对象和种种限制条件。政府每一轮提出的政策都是一次出价，常见的政策试行期为两年，这样多轮议价的周期比较长。在土地招拍挂的议价方式中是企业出价、价高者得；在多轮政策博弈的议价方式中，是政府出价、能够承受高价的企业先获得。如果能够接受当前政策报价的企业很少、市场反应平淡，政府就需要调整政策进行更优惠的报价。虽然也能实现效率优者先开发，但政策博弈至少以1～2年为一个周期。多轮博弈的结果，是构建起使政府和企业都愿意接受、都能获取土地发展性收益、企业受到激励的新制度。

现实世界中总是有交易成本的而且有时甚至很高。人们总是尽可能降低交易成本才能实现交易。科斯在《社会成本问题》中提供了协商之外的另外两种有可能降低交易成本的方式，一种是企业获得所有方面的合法产权，用内部的行政决定来安排如何使用的权利；另一种是政府直接管制，强制性的规定人们必须做什么或不得做什么。对应这三种方式，工转研有三种降低交易成本的途径：第一种，协商议价、市场交易，由市场方式来决定工转研；第二种，由一个公司获得再开发片区全部产权然后进行工转研，将交易成本内部化；第三种，政府直接管制，以行政权力安排工转研，以行政成本代替协商交易成本。

当前不同地区的再开发实践中，这三种途径都一定程度地存在。政府习惯于用行政权力处理问题，经常会不自觉滑向第三种途径，但这一途径仅在某些时间、地点、特殊情况下才能降低交易成本，并不符合市场经济也难以持续。第二种途径则是大型开发商操盘工业片区再开发，虽然存在也有一定的优势但总量少，大部分城市的大部分再开发不能依靠这种途径。从事产业地产（工业园、科技园）的大型开发企业近几年关注产业园区的转型升级，出现了一些工业园转型科技园或产业新城的项目，如深圳天安数码城集团、华夏幸福等。

第一种市场化的途径是发达国家处理城市更新问题时的主要途径，也是中国现实中再开发最主要的途径和方向。按照科斯定理，如果交易成本足够低，只要产权界定清楚，通过市场交易就能够趋向于资源最佳配置。也就是说，如果能够降低获取信息和讨价还价所花费的金钱、时间等交易成本，而且工业用地具有界定清楚的合法产权，那么就可以协商出价格，实现对原企业再开发的激励，或者使工业用地转移到更有效率的企业如开发商手中进行再开发。可见，通过改进协商和议价的制度来降低交易成本（如建立存量工业用地的信息平台、交易平台、中介机构），使市场交易能够更加顺畅的发生，才是广泛适用、持续可用的途径。

第五节　开发区工业空间转科技研发空间的模式

工转研动力来自市场还是政府？来自需求还是供给？在土地市场上，供给方是地方政府，再开发政策增加了科技研发用途的土地供给，需求方是原产权企业和开发商，其主要需求是获得科技研发用地或者原有工业用地的土地发展权，从而进行开发获利。在空间产品市场上，如科技研发用房的市场，需求方是购买、租用这些科技研发用房的企业，其需求一般不是土地而是科研办公用房，供给方是开发建设这些用房的原土地使用权企业或开发商，其供给也是科研办公用房。从市场需求来考虑，当前需要多少科技研发空间？基于原工业企业的再开发，其自身转型升级需要的科技研发空间面积量比较小，其供应的科研办公用房数量则取决于租赁市场需求的情况。从政府政策导向来考虑，科技研发空间的供应总量达到多大合适？其中多少份额由存量开发承担，谁来判断，以什么标准判断不足、过量还是适量？显然用规划和计划不能很好地回答这些问题，应该由市场通过价格信号判断。价格机制能够更有效地调节供给和需求。理论上在供给方面确定总量会遭遇计划经济的困境，而依靠价格机制进行市场配置才能提高空间资源的效率。虽然市场配置也要出现空间过剩才有价格信号来减少供应，但自上而下的供应总量计划造成空间过剩的可能性和程度远远大于市场调节。

模式具有重复的因素关系。模式的共性在于大的制度环境和政策背景，模式之间的差异是地方层面制度安排的差异，也是市场发展程度的差异。地方政府和企业都有可能成为主动力，按照工转研的主要动力来源和博弈表现，工转研有三种主要模式。

一、企业主动型（需求型）

工转研初期项目较少，零星企业主动地、自下而上地进行工转研，政府没有出台工转研政策。出现工转研项目的城市多数都会经历这样的阶段，一般是由于当时市场对科技研发空间没有较大的需求而且政府没有干预这一部分市场。苏州工业园是一种比较特殊的情况，早期招商进入的工业企业实力比较强、发展情况比较好，同时城市规划在中心区预留了大量的办公空间，在双方面因素的作用下多数原企业没有动力进行工转研，而政府也没有低效用地再开发的压力。企业主动型的代表项目案例是腾飞新苏工业坊，土地使用权企业自发从工业地产转向科技地产，向政府申请改变用地性质和容积率，符合新编制的控制性详细规划（如果不符合规划还需要进行控规调整）。政府采取一事一议的方式进行审议批准，最终重签土地出让合同并实施再开发（图2-5）。

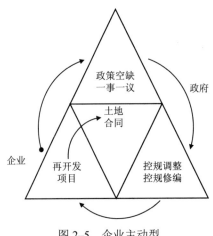

图2-5 企业主动型

二、政府主动型（供给型）

　　代表城市是南京，主要动力来自于政府，通过政策和规划自上而下地推动企业成片区地再开发，给予转型科技研发一定优惠政策，政府划定再开发的空间范围并指向具体企业（图 2-6）。同样在这种模式下政府有主动程度的差异。有的城市政府只是不断出台新政策以吸引企业，有的城市政府则除了大力推行政策还采取一些非常规的措施推进再开发。企业根据情况进行选择，除一部分本身有转型意愿并有充足资金的企业立即响应政策外，其他大部分企业处于观望和对政策条件的评估之中，政府根据市场反馈出台新的政策。当多轮博弈使得政策优惠力度较大（主要是地价和限制条件）的时候，会有更多的企业愿意再开发、重签土地出让合同。这种模式的供给增加往往不是由于科技办公空间的价格信号造成的，而是由于土地增量指标减少的压力而转向存量开发，以及对科技研发等产业的偏好和扶持。上海也是政府主动型模式，从 2011 年以来不断推出新政策进行尝试，经过多轮与企业的博弈目前已经将政策调整到可以吸引相当一部分企业进行工转研的程度。此外，上海经常采用政府或园区设立的国企进行再开发的方式，一些学者将其定义为政府主导型再开发。本书将政府主导型作为政府主动型的一个子类型。由于政府能够投入开发的资金总量有限，能够操作的项目数量并不太大，更多的还是需要依靠原企业和社会资本。

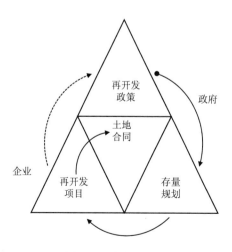

图 2-6　政府主动型

三、双向互动型

代表城市是深圳，政府和企业都有一定的动力进行再开发。政府制定框架、市场自行配置，"自上而下"与"自下而上"相结合（图2–7）。政府制定城市更新的政策体系、编制城市更新单元规划，在更新单元内的企业通过协商如果能够达成共识则申请更新（如果不能就需要继续等待新的政策和市场环境变化）。企业编制城市更新项目规划报政府审批，最终重签土地合同。原企业和开发商有意愿进行再开发，根本的需求是当地有一定的科技办公空间购买和租赁需求。政策对转型科技研发给予一定支持。深圳政府采取积极而不干预的态度，更有限的政府干预使一个不完全市场更趋近市场经济，空间资源更依靠市场配置。深圳在一段时期里默许工业楼宇用于科技研发办公，在新的时期通过政策放宽限制允许工转研，并规范市场行为。

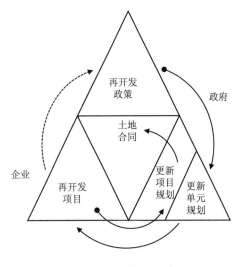

图 2–7 双向互动型

有些城市或多或少地存在三种模式，而在某一个时期以其中一个模式为主。在这三个模式之中，企业作为土地和资本的持有者决定是否开展项目。政府通过变更政策、规划、合同来影响企业，在工转研乃至工业空间转型中相关法律尚未发生变化因此并未体现在模式之中。政府和企业双方在博弈中逐渐重构并确定工业空间转型的规则，在规则变迁的进程中，越来越多的工业空间遵循规则进行转型。

小　　结

本章系统性地研究了工转研现象的发展概况、类型与特征、动力与博弈，并归纳出三种模式。工转研并不是在单一宏观政策下发生的孤立的新现象，而是在制度变迁下的工业空间转型的一部分。工转研现象是在中央政府、地方政府、企业、社区四个主体为了实现各自的目标而进行博弈的过程中形成的，主要的动力来自地方政府与企业。地方政府比中央政府有更强的动力、更直接的获益。社区的影响作用很小、发挥作用的情况很少。中央政府方面的土地集约利用政策和创新驱动国家战略虽然对地方政策的方向影响很大，但毕竟是通过地方政策间接作用于空间转型。地方政府在传递执行中央政策的过程中进行了有利于自身目标的选择、修改和组合，将两类中央政策结合起来解决存量开发的实际问题。地方政府与企业的博弈是主要的博弈关系。地方政府通过政策改变规则、干预市场、推进再开发。企业选择决定了具体项目是否再开发。政策波动和企业选择形成的多轮政策博弈是一个"议价"的过程。制度（政策、规划、合约）是博弈的焦点，主体之间的博弈互动导致制度变迁。按照工转研的主要动力来源和博弈过程，工转研可以归纳为企业主动型、政府主动型、双向互动型三种基本模式。透过对工转研的发展过程、特征、主体动力、博弈关系和基本模式的研究，可以发现制度性因素的变迁在其中的关键性作用。

第三章　开发区工业空间转科技研发空间的
理论研究

工业空间转型有四个基本元素：土地、主体、资本和制度。土地是客体并有自己的特点和规律；主体是影响土地用途的各方力量（政府、企业、社区）；资本是投入于土地使其转变用途从而获利；制度是转变的规则。工转研现象可以从土地、资本、主体和制度四个方面进行理论解释。前文已经运用城市政体理论构建多元主体动力和博弈的分析框架。土地和资本这两个方面的理论比较成熟而且可以直接地用于解释工转研现象以及工业空间转型。竞租理论为城市土地改变用途提供了基本的经济原理，资本循环理论和空间生产理论表明工转研是资本进入二级循环和三级循环的过程。然而上述理论忽视了制度的作用，通过前一章关于工转研的主体动力、博弈关系和模式的研究，已经可以发现制度在工业空间转型的重要作用，有必要从制度视角来审视和解释工转研乃至工业空间转型。新制度经济学中的产权理论、科斯定理和制度变迁理论为本书提出制度视角的理论假设建立了理论基础。

第一节　开发区工业空间转科技研发空间的理论基础

一、产权理论

在《新帕尔格雷夫经济学大辞典》中的产权（property rights）词条中，经济学家阿尔钦阐述道："产权是一种通过社会强制而实现的对某种经济物品的多种用途进行选择的权利。"（伊特韦尔等，1996）这一概念表明选择土地用途的权利是一种产权，或者更直接地讲，改变工业用地用途的权利是一种产权。综合众多产权经济学家对产权的定义可以得出一个基本结论："产权不是指人与物之间的关系，而是指物的存在及关于它们的使用所引起的人们之间相互认可的行为关系。产权不仅是人们对财产使用的一束权利，而且确定了人们的行为规范，是一些社会制度。"（卢现祥等，2012）

经济学家认为通常情况下私有产权的资源配置效率要高于共有产权（卢现祥等，2012），例如阿尔钦（2014）表示，除私有产权以外的其他产权都降低了资源的使用与市场所反映的价值的一致性；德姆塞茨（2014）认为土地私有制比共有制产生了更有效的使用资源的激励。国有产权由于权利是由国家所选择的代理人来行使，代理人对资源的使用、转让和成果分配不具有充分的权能，就使他对经济绩效的激励减低，而国家对代理人监察的费用高昂，再加上行使国家权力的实体往往为追求政治利益而偏离利润最大化动机，因而国有产权下的外部性也是极大的（刘守英，2014）。

在中国的改革开放中最重要的两个土地产权制度改革，一个是农村土地的承包责任制，一个是城市土地使用权有偿使用。前者用家庭承包的方式把共有产权（农村土地集体所有）转变为有条件的私有产权；后者用土地使用权出让的方式把国有产权（城市土地国家所有）中的土地使用权分离出来并转变为有条件的私有产权，其条件在土地出让合同中写明。这两项土地产权制度改革产生了更有效地使用土地资源的激励，极大地提高了生产效率，促进了经济发展。周其仁（2008）和张五常（2009）不约而同地分别用合约理论对农村和城市两种土地产权改革进行了理论分析，解释了中国经济三十多年快速增长的原因。改革开放以来土地产权制度改革的历程是从国有产权和共有产权向有限私有产权方向改革，从计划经济向市场经济改革。

二、科斯定理

经济学家科斯在新制度经济学经典文献《社会成本问题》（Coase，1960；科斯，2014）一文中，通过分析十个"外部性"问题的案例阐述了自己的产权理论。斯蒂格勒最早根据这篇论文归纳了"科斯定理"，此后出现了多种表述方式，最常见的表述（科斯定理Ⅰ）是：当交易费用为零时，只要允许自由交易，不管产权初始界定如何，最终都能实现社会总价值的最大化，即帕累托最优状态。虽然这一表述流传最为广泛，但是另外两种表述更加直白、对于本书有更直接的指导意义，即科斯定理Ⅱ：交易费用为正的情况下，可交易权利的初始安排将影响到资源的最终配置；科斯定理Ⅲ：当交易费用大于零时，产权的清晰界定将有助于降低人们在交易过程中的成本，改进效率（卢现祥等，2012）。张五常认为标准意义上的科斯定理是科斯在"关于联邦通讯委员会"的论文中的简短总结："产权的界定是市场交易的必要前提"。科斯强有力地说明了产权的清晰界定和足够低的交易成本是市场交易的先决条件，同时还提供了一种新的方法、一种新的视角，能透视各种经济现象（科斯等，1999）。科斯定理是本书提出理论假设的基石之一，可以用来阐释在工业空间转型中制度的基本功能。

三、制度变迁理论

诺斯（2014）认为：制度是一个社会的博弈规则，是一些人为设计的、型塑人们互动关系的约束。制度构造了人们在政治、社会或经济领域里交换的激励。制度变迁决定了人类历史中的社会演化方式，因而是理解历史变迁的关键。制度变迁是指制度的替代、转换和交易过程（卢现祥等，2012）。

制度变迁理论提供了一种分析框架，可以揭示制度在经济绩效中的作用，其意义在于对大部分社会科学尤其是经济学进行重新审视，并对历史变迁做出一种新的诠释。这个分析的框架包括制度的层面、制度变迁的主角、制度变迁的来源等。制度的三个层面是正式规则、非正式约束，以及实施机制的有效性。正式规则包括政治（和司法）规则、经济规则和契约。普遍存在的非正式约束包括行事准则、行为规范、惯例等，而且多数情况下是形成选择的直接来源。相比于合约的自我实施，由政治组织作为第三方、动用强制力量来实施合约更具有效性。组织（政治团体、经济团体、社会团体等）是促成制度变迁的主角（诺斯，2014）。制度变迁的来源是潜在利润和偏好。前者是主要来源。制度变迁的诱致因素在于主体期望获取最大的潜在利润。潜在利润是一种在已有的制度安排结构中主体无法获取的利润。它的存在说明可以通过新的制度安排对社会资源的配置进行帕累托改进。正是获利能力无法在现存的安排结构内实现，才导致了新的制度安排的形成（卢现祥等，2012）。

诺斯和托马斯用制度变迁理论重新解释西欧国家的经济史：有效率的经济组织是经济增长的关键。一个有效率的经济组织在西欧的发展正是西方兴起的原因所在。有效率的组织需要制度上做出安排和确立所有权以便造成一种激励（诺斯等，2009）。简而言之，诺斯建立了一条西欧经济增长的因果关系链条：所有权制度变迁——有效率的经济组织——经济增长。以往大多数经济史学家认为技术变革是西方经济成长的主要原因，一些人强调对人力资本的投资、市场信息成本下降。诺斯等（2009）

认为，创新、规模经济、教育、资本积累并不是经济增长的原因，它们仍是增长。荷兰与英国持久的经济增长都起因于一种适宜所有权演进的环境。这种环境促进了所有权制度（从继承权完全无限制土地所有制、自由劳动力、保护私有财产、专利法和其他对知识财产所有制的鼓励措施，到一套减少产品和资本市场的市场缺陷的制度安排）。那些国家的成功是所有权重建的结果，失败则是经济组织无效率的结果。工业空间转科技研发空间是表象，其背后具有深层次的制度根源，制度变迁理论为解释工业空间如何转型提供了理论基础。

四、城市政体理论

前文已经运用城市政体理论进行工转研主体动力的分析，而下文理论假设中关于主体博弈变革制度的表述仍然是以城市政体理论为基础的。城市政体理论产生于20世纪80年代，斯通构建了城市政体理论的基本框架。城市政体理论认为，在市场经济条件下，城市发展的各种资源是分散的；政府、市场、社会均掌控不同的发展资源；任何一种力量都不可能单独推动城市的健康发展，他们通过合作的方式表达利益诉求，共同促成城市的增进（曾艳艳，2009）。这一理论是对美国城市的实证研究中得出的，其基本前提是市场经济和民选政府，因此在应用中经常遇到适用性的问题，于是很多学者从不同的角度对城市政体模型进行不断的修正。城市规划学者将城市政体理论应用于城市规划领域的研究，对英国城市规划者而言，城市政体理论一直被视为美国城市政治经济的抽象（乔恩，2015）。

张庭伟（2001）根据城市政体理论构建出一个综合模型，作为理论框架讨论20世纪90年代中国城市空间结构的变化。他将影响城市的社会力量分为"政府力"（当时当地政府的发展战略）、"市场力"（控制资源的各种经济部类及与国际资本的关系）和"社区力"（社区组织、非政府机构及全体市民）。"政府、市场和社区三组力的权重不一，且对城市发展的意图不一。在制定城市发展决策时，有一组力为主因，提出发展的创议并力图贯彻之。由于另外两组力的存在，使这个动议受到约束而不得不加以调整。最后的决策主要反映了主因力的意图，但在某些方面可能做了调整，以满足另外两组力的要求。调整的程度则取决于其他两组力的力度。"张庭伟认为"在分析一切城市问题，包括城市空间结构问题时，应包括对政府、市场和社会三方面的分析"。

第二节　土地和资本角度对工转研的理论解释

一、土地——竞租理论

阿隆索于1964年提出了竞租理论。竞租就是人们对不同位置上土地愿意出的最大数量的价格。企业愿意支付的价格取决于土地预期可能获得的利润。地价的高低与土地区位条件有关。商业由于靠近市中心就具有较高的竞争能力，也就是可以支持较高的地租，所以愿意出价高于其他的用途，因此用地位于市中心，随后依次为办公楼、工业、居住、农业（孙施文，2007）。竞租理论内在的假设是完全竞争的市场经济、单中心的城市结构。区位条件越好则土地价格越高，不同行业的投资者通过土地价格竞争达到区位均衡的状态。竞租理论可以解释再开发中土地用途的变化，这时竞价需要考虑到搬迁成本和交易成本。付租能力更强的经济活动将会占据区位更好的土地。在城市中心，写字楼竞价租金要高于制造业竞价租金（奥莎利文，2008），因此付租能力弱的工业企业将会外迁，把更靠近中心区的土地再开发为写字楼。同理，靠近城市次中心、地铁站点等其他具有一定区位优势的工业用地，当改变用途能够获得更高利润并且抵消转变过程中产生的成本时，就会有企业愿意付出更高的土地价格进行再开发。

竞租理论为工业空间转科技研发空间提供了最为基础性的经济学原理。近20～30年来很多城市空间迅速扩张，一些开发区从与主城脱开一定距离变为城市内部并且成为次中心。在新的城市总规中往往将这样的开发区定位为综合性城区，例如，江宁开发区所在的东山成为南京的副城、苏州工业园区成为苏州一体两翼的组成部分。由于区位和交通条件的变化，一些开发区启动区的土地价格大大提升，如南京江宁高新园2013年工业用地价格是十年前的5倍，而转变为科技研发用地的地价则是工业用地的8倍多。土地价值提升使得再开发有利可图，科技研发用地的地价介于工业用地与商业办公用地之间，企业的成本不会太高、政府也可以获得利益。在企业与政府的多轮博弈中，工业空间转科技研发空间逐渐显现出优势从而成为当前再开发的热点。

二、资本——资本三次循环理论与空间生产理论

大卫·哈维（2009）提出了资本三次循环理论（或称资本三级循环理论）：资本的初级循环是指直接的生产和消费领域，二级循环由生产的固定资本（厂房和设备、港口等）和消费基金（如住房）构成，三级循环是社会支出和科研开发。二级和三级循环将过剩资本吸收到了长期投资中。简单地概括来说，第一次循环是产品生产，第二次循环是空间生产，第三次循环是投入教育、福利与研发。由于过度生产、利润率降低、剩余价值缺乏投资途径和剩余劳动力等造成了资本主义的"过度积累"，资本为了自身的生存也就是获利和避险必须找到解决"过度积累"的办法。哈维指出资本第二层次的循环是城市发展变化的决定因素，也就是说，城市的地理位置和资源、土地及其之上的建筑物等基础设施可以不断地为资本创造价值，而房地产和土地投机给私人资本带来丰厚利润，吸引了更多的过剩资本进入第二次循环（叶超，2011）。资本进入第三次循环的目的是为了提高劳动力素质进而提高劳动生产率获取剩余价值（杨宇振，2009）。

资本三次循环理论可以用于解释工转研现象。工转研在空间上是从工业空间变为科技研发空间，在产业上是从工业生产转向科技地产开发和科技研发，在资本投入上，科技研发空间的开发建设是资本投入第二次循环，建成之后的科技研发活动是资本投入第三次循环。原企业或开发商进行科技地产的开发阶段属于第二次循环，自用的企业以及通过购买或租用而入驻的企业从事什么经济活动才决定了有多少资本进入第三次循环。

企业在工转研中的投资活动是逐利的行为，也是避免过度积累造成利益损失的行为，而政府对工转研的鼓励则是对资本投入产业方向的引导和调控。但是还有很多政府动力并不是遵循资本逻辑，更重要的是在中国的城市开发建设中，政府有很大的影响力。国家层面的创新驱动发展战略引导资本投入第三次循环，地方政府将再开发政策与创新政策结合起来，推动原工业企业进行再开发并建设科技研发空间，同时鼓励资本投入第二次循环，建成后有可能再进入第三次循环。近年来房地产开发积累了大量库存，也就是二次循环中的过度积累。如果政策激励更多的资本进入第二次循环，将会造成更多的库存，进一步增加过度积累带来的风险。例如，南京除了原有的高新区和各类科技园、企业研发园等已经存在的科技研发空间之外，近些年还规划建设了一大批紫金创业特别社区，总用地面积近 50 平方千米，总建筑面

积达 500 万平方米，其中有些招租情况并不理想。调研中进行工转研项目的企业也表示出对科研办公楼建成后出售情况的担忧。资本三次循环理论对于自由竞争的市场经济活动具有更好的解释能力。中国的市场经济活动与欧美发达国家一个重大的不同是土地国有，这使得中国的政府不仅制定和执行土地交易的规则，还成为土地交易中的一方并且处于垄断地位。资本三次循环理论运用于解释工转研现象，只能解释其中的资本逻辑这一部分，更为全面的解释必然要涉及制度因素、土地产权、政府与市场的关系等。

哈维在第二次循环的阐述中运用了空间生产理论。空间生产的概念是列斐伏尔在 1970 年代提出的，引发了西方人文社会科学的空间转向。列斐伏尔（2003）认为马克思关于资本主义生产的论述忽略了空间，而只是将其视为生产的场所。他提出了空间生产理论中的一个核心论断，"对生产的分析显示我们已经由空间中事物的生产转向空间本身的生产"。"为了解决过度生产和积累所带来的矛盾，追求最大的剩余价值，过剩的资本就需要转化为另一种流通方式，即资本转向了对建成环境的投资，从而为生产、流通、交换、消费创造出一个更为整体的物质环境"（汪原，2002）。列斐伏尔（2003）进行了深刻的建筑与空间历史的讨论，因此特别受到建筑学者的关注，他甚至直接提到了空间规划和都市建设计划，"由空间中的生产，转变为空间的生产……这种转变导致一个重要的结果：现代经济的规划倾向于成为空间的规划。都市建设计划和地域性管理只是这种空间规划的要素。"

工转研非常契合空间生产理论，最有趣味之处是工业企业"从生产产品转变为生产空间"：工业企业本来加工制造工业产品，在工转研中则变为开发建设一个空间产品；工业用地和厂房作为原料被加工成为一种新的空间产品——科技研发空间。以往的工业企业将剩余资本投入房地产开发，如海尔地产、海信地产等一般都是资本投入到厂区以外的土地上，而工转研乃至工业空间转型则是资本直接投入在工业企业自身所在的土地上，是就地进行的空间生产。开发商进行的工转研是存量开发时期新型的科技地产，与以往的科技地产不同之处在于原料不是新增建设用地而是存量建设用地，不是空地起高楼，而是要考虑原有厂房再利用或拆除重建。与其他商品的生产过程一样，规模化、标准化这种最有效率的生产方式也加入了城市空间的演变过程。房地产业需要不断的加快"生产—消费—增值—再生产"的资本循环速度，已经被市场检验并获得肯定的成熟模式对投资是最保险的，由此导致复制和抄袭被鼓励，模式化、同质化的空间产品大批量出现（江泓等，2009）。以往的科技地产如北科建、亿达等开发商的科技园项目建立了成熟的空间产品"复制"模式，与之相同，工转研这种新型科技地产一旦形成了成熟的开发模式也可以"复制"，实现较低成本、较高收益的可靠投资，如天安数码城在深圳、东莞、重庆等地开展的一系列项目。从过去的工业地产、科技园地产、创意园地产到现在的工转研地产，都是开发商采用复制模式进行空间生产。资本需要的是政策带来的投资机会，只要有新政策许可或扶持就可以换个新概念开始生产新型的空间产品。科技园、科技大厦、研发中心、总部、孵化器、众创空间、特色小镇……这些概念可以随着政策环境继续演变。

资本三次循环理论和空间生产理论可以解释工转研现象背后的资本逻辑，即资本寻求利润最大化并且规避过度积累的风险。地方政府和企业利用创新驱动国家战略的东风进行创新特征的空间生产，从而导致了工转研现象在很多城市出现，可以预见未来一段时间工转研这种空间生产方式也将会在很多大城市复制扩散。与此同时，也是一个市场逐渐饱和、科技研发空间产品吸引力逐渐降低的过程，资本最终转向其他更利于增值和避险的空间产品或进入第三次循环，而众多的科技研发空间也必然过剩，其中一些转变为一般写字楼。

第三节　制度视角的理论假设

竞租理论和资本循环理论解释了完全竞争性市场的土地使用变化。土地不仅可以自由买卖从而转移给付出最高价格的使用者，而且可以自由改变用途从而转变为最高利润的行业。然而现实世界中，土地市场受到了土地产权制度、土地市场制度、规划制度等种种制度的制约，显然制度在空间转型中发挥了重要的作用，而以往的理论解释忽略了制度的作用，在制度方面的理论尚不能直接解释工转研。本书参考诺斯解释西欧经济增长的因果关系链条：所有权制度变迁—有效率的经济组织—经济增长，提出工业空间转型的逻辑关系：主体博弈—制度变迁—工业空间转型。在事实归纳和理论推演的基础上构建理论假设：工业空间转型的四个主体力量为了潜在利润和偏好，通过博弈变革了制度（合约、规划、政策、法律），四个层级的制度变迁共同实现产权界定、市场交易、交易成本、利益分配、约定项目的功能，从而实现工业空间转型（更有效率的空间资源配置与使用），简而言之，制度变迁通过制度功能导控工业空间如何转型（图3-1）。在这个理论假设中，转变成什么空间用途是一个变量，当这个变量确定为科技研发空间时，就成为针对性地解释工转研的理论假设，制度在四个层级上的变迁通过实现制度功能来导控工转研（图 3–2）。

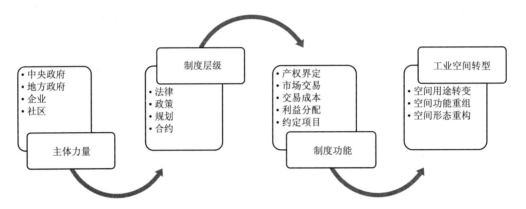

图 3–1　制度变迁导控工业空间转型

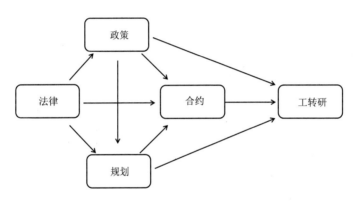

图 3–2　四个层级的制度变迁导控工转研

一、制度的功能

科斯定理揭示了三个要素"产权界定、市场交易、交易成本"之间的关系以及与"社会总产值最大化"的关系：（1）产权的界定是市场交易的必要前提。（2）产权的清晰界定能够降低交易成本。（3）产权界定、市场交易、交易成本三个要素都对社会总产值最大化有贡献；在交易费用大于零的现实世界，产权初始界定会影响社会总价值的最大化；如果产权清晰，通过市场交易可以改进效率；市场交易费用影响资源配置的效果（图 3–3）。

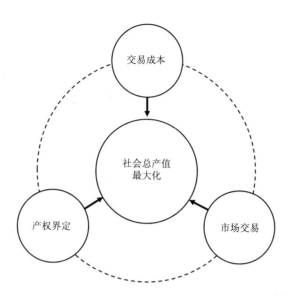

图 3-3　科斯定理的要素关系示意

张五常（2009）用科斯定理、合约理论剖析中国的经济制度，解释了制度安排如何实现工业用地的产权界定和市场交易，如何促进地区竞争从而提高经济效率，如何影响了改革开放三十年的经济增长，使科斯定理与中国实践联系起来并有力地解释了中国城市土地产权制度问题。按照科斯定理，市场运作的第一步是界定私有产权，第二步是市场本身的出现，而在张五常看来，承包责任制是将两步并为一步的安排，土地使用权的界定（因而有私产）与市场成交织合在同一合约中。张五常（2009）将中国经济制度解释为"层层承包的合约安排"，国、省、市、县（区）、企业层层缔结承包合约，划分了责任、权限和利益。地方政府与企业的土地出让合同不仅仅是一个土地租约，也是一种带有条件的承包合约，除了租约性质的土地用途、年期、出让金，还约定了承包性质的具体开发项目、投资强度、建设强度上下限、几年之内开工投产等，限定时间达不到要求将收回土地。承包合约安排极大地促进了以县（区）级竞争为主的地区竞争，提高了经济效率。张五常用佃农理论分析城市工业用地的产权制度，城市政府相当于地主，招商引资来的企业相当于佃农，出让土地使用权相当于将土地租给佃农（工业用地一般 50 年），土地出让金是固定地租，产品增值税是分成租金，企业、地方政府中央政府参与分成。

工业用地出让合同是经济制度中一个至关重要的环节，是理解增量开发时期制度供给和存量开发时期制度需求的关键。在张五常的论述基础上可以提炼土地合同的四个核心功能：第一，产权界定，土地使用权从国有产权到有条件的私有产权；

第二，市场交易，作为交易合约实现土地的市场交易；第三，约定项目，投资者要在合约指定的期间履行指定的项目才能获取土地的使用权，否则土地会被收回；第四，租金组合，土地出让金（固定地租）与产品增值税（分成租金）组合（图3–4）。这四个功能呼应科斯定理三要素，实现了工业用地的产权界定和市场交易并降低了交易成本，促进地区竞争从而提高经济效率。

当前的工业空间转型依托重签土地使用权合同发挥这四个功能。企业通过重签合同获得了土地发展权（改变用途和强度）就是重新界定产权，在工转研中约定项目就是约定建设科技研发空间、转型发展科技研发。如果将来土地发展权分离出来单独签订合同，那么土地发展权合同需要发挥这四个功能。

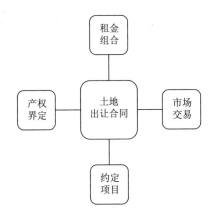

图 3–4 土地合约的四功能

本书将科斯定理三要素和土地合约四功能归并和修改为制度的五个功能：产权界定、市场交易、交易成本、利益分配、约定项目。首先，合约四功能是基础性的制度功能，制度五功能相当于继承了合约全部四项功能的基础上增加了一个"交易成本"。这是因为明确而稳定的制度规则可以降低交易成本，而且越高层级的规则越能够广泛地降低交易成本。其次，将合约功能中的租金组合扩展为利益分配。利益分配也含除了土地出让金之外的其他形式的利益分配。最后，五项功能的前三项完全地来自于科斯定理三要素。制度变迁实现这些制度功能的过程，其本质上还是呼应科斯定理。

二、制度变迁的原因

工转研的动力分析其实也是寻找制度变迁原因的过程。按照诺斯的制度变迁理论，制度变迁的原因是潜在利润和偏好，而潜在利润是主要原因。地方政府和企业动因的 7 个方面全部都是潜在利润，有些情况下其中的 3 个（转型升级、盘活存量、企业加强研发）是偏好（图 3–5）。

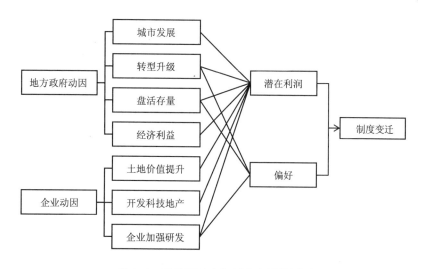

图 3–5　工转研动力与制度变迁的原因

工转研的潜在利润最主要的来源是土地价值提升，形成了通过改变土地用途才能获得的潜在利润。正是由于企业或地方政府发现改变原来的土地用途能给自己的处境带来好处，其中一方或双方产生了重订合同改变工业用地用途的意愿。企业的潜在利润是土地转变用途之后高于原来工业生产的收益。这种收益分为两种：一种是企业加强研发提高竞争力和市场占有份额，从而远期获得的生产利润；另一种是企业开发科技地产获得开发利润，开发主体可以是开发商也可以是原企业。地方政府的潜在利润，可以分为直接与间接两种：直接利润是直接可以获得经济利益，即土地出让金和与开发直接相关的税费；间接利润包括间接可以获得的经济利益，如增加税收，以及政府的城市发展目标（经济增长、盘活存量用地、产业转型升级、完善城市功能、提升城市形象等）。这些潜在利润即有可以用数字衡量的经济利益、经济增长，也有难以用数字衡量的发展。

仅从潜在利润的角度解释原因仍然不够全面，这不能解释有些时候地方政府的不经济的选择。"制度变迁的仅有的另一来源是偏好的改变。一些制度变迁不能仅由相对价格的变化而得到全部的解释，观念也起了一定的作用"。（诺斯，2014）地方政府（或者说政府官员）在现有考核体系下对政绩有偏好，有些政绩是不经济的，但依然能够获得地方政府的垂青，这可以解释一些形象工程、面子工程为什么可以投入巨额的资金。在中央倡导盘活存量、低效城镇用地再开发的时候，地方政府把盘活存量用地作为一种政绩从而产生偏好。改革开放以来，中国对科学技术的发展越来越重视，近些年更是将创新驱动作为国家战略。无论是从理论上还是从对发达国家发展现实的观察上，地方政府都产生了对创新、产业转型升级、科技研发的偏好。有些情况下，地方政府对创新、创业的政策扶持和对科技研发空间的投入已经超出了理性的经济计算，付出的代价太高而不能获得相应的经济回报，但是却能够满足地方政府的偏好。这种偏好为地方政府在一些工转研的制度安排提供了潜在利润之外的原因。此外，有些企业也存在对创新研发的偏好，这种情况往往与企业家的个人偏好有很大关系。

诺斯（2014）认为"制度未必或者说通常不会是为了实现社会效率而被创造出来的，相反，它们（起码是那些正式规则）之所以被创立，是为了服务于那些有制定新规则的谈判能力的人的利益"。换句话说，提高社会效率是制度变迁的结果，而制度变迁的原因是企业和地方政府想要获取的潜在利润和满足偏好。

三、博弈变革制度

工业空间转型四个主体力量之间的博弈即遵循制度又推动制度的变迁。央地博弈和政企博弈是在四力量博弈中主要的两组博弈。两组博弈都走向重构规则并使规则更有利于再开发，而博弈的焦点都是制度性因素。企业与地方政府博弈的焦点是合约、规划、政策，地方政府与中央政府博弈的焦点是政策。在政企博弈中，企业的诉求是变更土地合同、修改规划用地性质和指标，而地方政府有能力重构高于土地合同的规则——再开发政策和存量规划。如果工转研项目逐渐增多，政府就有改变政策和规划的意愿，从而减少一事一议的交易成本；如果政府认为改变规则激励企业再开发能够带来更多的好处，如实现政府的经济发展目标、产业转型升级、盘活存量用地等，则会有更大的动力出台新政策和新规划。在央地博弈中，中央政府通过中央政策引导地方经济转型和土地集约利用，地方政府抓住可利用的中央政策制定地方政策，一些经过实践检验获得成功的地方政策会被中央政府推广，仅有少量中央政策能够上升为法律条款。

　　合约是地方政府与企业之间博弈的核心。对于正式更新的工转研项目来说，不论其再开发动力来自于政府还是来自于原企业，博弈的目标都是重订土地出让合同。正如诺斯（2014）对制度变迁过程的表述：“一种相对价格的变化使交换的一方或双方感知到，改变协定或契约将能使一方甚至双方的处境得到改善，因此，就契约进行再次协商的企图就出现了。”合约在地方政府与企业的土地交易中处于重要地位。政府对土地使用的干预最终要落实在土地合同上。土地如何使用的主要约定包含在土地出让合同之中。讨价还价的过程是围绕着补交土地出让金价格、限制性的条件、出让方式、流程能否简化等问题，最终双方如果能够达成一致则会重订土地出让合同，那么政府对企业授予在一定条件下改变土地用途和强度的权利。例如，深圳、上海、南京等城市用政策促进工业用地存量开发，其最终实现的方式是与企业重新签订土地出让合同，在新合同中做出新的土地用途约定。又如，苏州工业园虽然在规划中改变了一些片区的工业用地性质，却不能立即采取措施催促企业改变土地用途，顾虑之一就是原有合同受到合同法、物权法等法律保护。

　　企业在单个项目的博弈中，只求改变合同以及规划对本地块的要求，没有能力和企图要改变再开发的政策。而在企业群体与地方政府的博弈中，情况就不一样了。企业群体有可能游说政府改变规则，在改革开放之初由于外资企业需要长期租用或购买土地建厂，港商向政府反映情况并建议土地有偿使用，从而影响了制度的变化。在一个城市的工业用地再开发中，企业群体可能会建议政府改变政策，而城市政府有能力重构高于合同的规则——政策和规划。广东等地的工业用地再开发政策实践得到了中央的推广，出现了全国性的再开发政策，但还没有再开发政策能够改变法律条款。当前的工业空间转型（含工转研）制度变迁发生在合约、规划、政策三个层级。

　　潜在利润如同水闸一侧的水体所蕴含的巨大势能，而制度的改变则如同开闸放水使得能量得以释放。如果认同改革开放对中国经济增长有重要甚至决定性的作用，就会认同制度的作用和制度变迁的价值，因为改革开放最重要的部分就是经济制度改革。“制度在社会中具有更为基础性的作用，制度是决定长期经济绩效的根本原因。”（诺斯，2014）改革开放是在诸多领域里从禁止到许可的制度变化过程，允许地方实践探索、先行先试，进而在国家政策和法律上允许包产到户、允许商品经济、允许外资合资和民资建厂、允许土地有偿使用、允许市场决定物价……通过改变制度、解除约束激发了生产积极性,释放了长期蓄积的经济发展能量。从禁止到允许土地有偿使用,这一规则的改变释放了企业长期投资建厂发展工业的能量,开启了波澜壮阔的工业化和城市化,支撑了三十多年的增量开发时期。到了存量开发的时候,原有规则的种种限制就成为水库的闸门,企业和地方政府想要获取再开发的潜在利润就需要改变规则,使其有利于工业空间转型、有利于再开发。组织的博弈改变了制度,制度决定了什么时间、什么地方、如何进行工业空间转型。

四、多层级制度变迁实现制度功能

影响空间转型的土地制度有四个层级:法律、政策、规划、合约。在制度变迁理论中这些都是正式规则。这里的规划是指安排地块用地性质的城市规划,主要是片区的控规或城市更新规划。从工转研的模式研究可以发现,政策、规划、合约的变革在工业空间转型中发挥了重要作用。当前法律层级没有变化、延用原有的法律规定。

制度的四个层级存在着从上向下的制约与支持关系,最终需要通过土地合约才能实现对土地用途转变的影响,因此,合约处于核心地位,法律、政策、规划都对合约发挥支撑作用(图 3-6)。越是上层的制度越具有普适性,下层的制度往往在空间范围、时间、对象等方面有所限制。制度功能是制度四个层级共同追求的目标。制度变迁通过实现制度功能从而改变了工业空间的用途。

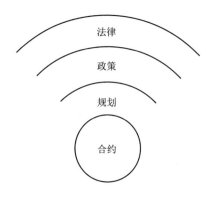

图 3-6 制度的四层级

工业空间转型的制度变迁一般是从底层开始的,最初是企业和政府的一方或双方试图改变合约,而合约的变更需要政策和规划的改变,于是双方经过多轮博弈重构多个层次的制度。诺斯（2014）认为，契约是嵌套于规则的科层结构之中的，如果不能重构一套更高层面的规则，再协商或许就无法进行；在此情况下，有希望改进自身谈判地位的一方就极有可能投入资源去重构更高层面的规则。政府和企业为了获取工业空间转型的潜在利润和满足偏好，不断地尝试新的制度安排，经过多轮博弈最终建立双方接受的、能够激励企业的新制度。制度变迁的过程首先是围绕土地合约的变更，其中一些需要变更规划，然后出现再开发政策的多轮变化，最后一小部分政策经过实践上升为法律条款。在增量开发中发挥界定产权和完成交易作用的土地使用权合同处于核心位置。在存量开发中由于土地发展权尚未独立设置，需要土地使用权替代，因此土地使用权合同仍然处于核心位置。法律、政策、规划对土地使用权合同发挥支撑作用。

张五常在《中国的经济制度》中已经对工业用地首次出让的土地出让合同进行了清晰的剖析并揭示了合同的四个功能，在此基础上可以推演和分析再开发中的土地合同的功能。在当前工业用地再开发中，土地发展权的交易按照原有制度的程序要求，首先地方政府代表国家收回或购回土地使用权，然后按照新的土地用途进行招拍挂，最后新的土地使用权人与政府签订新的土地出让合同完成土地出让，并在合同的条款中获得新的土地用途许可。原使用权人可以参与招拍挂但不一定重新获得土地使用权。这使得变更土地用途有失去土地的风险，很多原使用权人有改变用地性质的意愿也不会轻易地启动流程。有些企业宁愿偷偷地改变建筑用途进行出租也不愿意重新招拍挂。重新招拍挂出让这种方式对政府收购来说的资金投入比较高，对原企业来说交易成本高而且有失去土地的风险，因此地方政府往往重新采用协议出让的交易方式对原土地使用权人授予土地发展权。由此可见，地方政府用地方政策改变了原有的制度，允许原土地使用权人获得土地发展权。土地发展权获取的过程是通过重签土地使用权出让合同或补充协议，将属于国有的土地所有权中的土地发展权（改变用途、提高强度、改变限制条件）提取出来，加入到新的土地使用权之中（图3-7）。从科斯和张五常的理论来看，土地发展权的授受是土地产权的第二次界定，也是土地产权的第二次交易，再一次两步并为一步地完成产权界定和市场交易，地方政府与企业签订了一个新的承包分成合约。可见，无论是首次出让的土地合同还是当前工业用地再开发中的重签土地合同，其作用都是界定产权、实现市场交易、确定组合租金、约定项目。

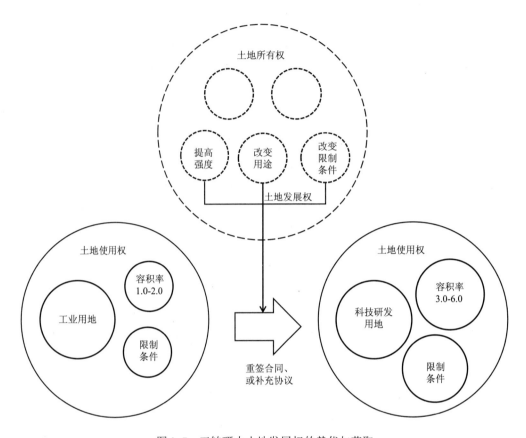

图 3-7　工转研中土地发展权的替代与获取

　　本书在合约功能的基础上进一步研究其他三个层级即法律、政策和规划如何实现制度的功能，在工业空间转型中发挥作用。

五、制度变迁导控工业空间转型

　　工业空间转型是制度变迁实现制度功能的结果。工业空间转型的内在本质是更有效率的空间资源配置与使用。工业空间转型的具体表现主要在三个方面：空间用途重置、空间功能重组、空间形态重构。法律、政策、规划、合约的变化决定了工业空间如何转型，在转型的规则建立之后，剩下的都是实施过程即按照这些规则来实施再开发和建设活动。

（一）空间用途重置

　　一个具体工业用地地块，其土地产权的重新界定、重新交易以及重新约定项目，完成了该地块空间用途的重新设置。地块的空间用途转变最终由土地合约来决定。

法律、政策和规划层级的制度变化引导和控制了地块的合约，从而引导和控制了具体地块的空间用途。

（二）空间功能重组

片区内大量地块的空间用途转变必然导致片区的空间功能重组。在片区层面上，从单一的工业生产功能转向商业、办公、研发、居住、公共活动等多项组合的复合功能。城市再开发政策对片区功能重组做出引导，片区规划对片区的功能重组做出明确的规定。在城市层面上，规模较大的新功能片区的崛起将会造成城市功能结构的改变，类似情况在1990年代上海旧城改造中出现过，其结果是崛起了几个区级商业办公中心。

（三）空间形态重构

片区按照政策和规划、合约进行重建，地块的建设强度和建筑高度发生变化，各地块之间的空间关系发生改变。规划对均质化的工业地块进行重新划定、组织和设计，使片区呈现出适应新功能的、更丰富多样的、有活力和趣味的空间形态。

小　　结

本章基于大量工转研实践的事实归纳、理论辨析与推演，建立制度视角的理论假设。工业空间转型的四个主体力量为了潜在利润和偏好，通过博弈变革了制度，合约、规划、政策、法律四个层级的制度变迁共同实现产权界定、市场交易、交易成本、利益分配、约定项目的制度功能，从而实现工业空间转型。这一理论假设适用于多种类型的工业空间转型，并将其中的一个变量确定为科技研发时，就成为针对工转研的理论假设。四个层级的制度变迁通过实现制度功能来引导和控制工转研。合约层面即土地出让合同的功能已有学者进行了清晰地分析和解释，本章在此基础上更进一步，后续三章将分别从法律、政策、规划三个层级研究其如何实现制度的功能，从而导控工转研。

第四章　法律层级的制度变迁与开发区工业空间转科技研发空间

　　人们在经济活动中的决定需要基于稳定的预期，在高度不确定的市场环境中没有办法进行理性决策，也就难以形成持续的多次交易。制度在社会中的主要作用，是通过建立一个人们互动的稳定（但不一定是有效的）结构来减少不确定性（诺斯，2014），因此，制度在工业空间转型中的作用就是通过一套规则减少不确定性，给企业建立一个判断成本和收益的基础。在制度的层级中，法律是最为稳定的规则，而政策和规划则常常发生变动。考察制度的历史，考察城市土地产权制度和土地市场制度的发展脉络，才能清晰地理解工业空间转型为什么会发展到今天这一步。本章梳理增量开发为主和存量开发为主的两个历史阶段中的土地制度变迁，讨论法律层级（包括宪法、法律、法规、准法地位的长效性国家政策）的制度变迁与工业空间转型之间的关系。

　　增量开发是指城市化与工业化过程中第一次土地开发，将农村集体土地变为城市建设用地，包括城市扩张、新区和开发区建设等，其中开发区是增量建设的主要部分。存量开发是指已经开发建设土地的再开发，包括旧城改造、退二进三、城市更新、开发区再开发、城镇低效用地再开发等不同说法。盘活存量、存量开发和存量用地中的"存量"是有点奇特的说法。存量本来的含义是某一时点上过去生产与积累起来的产品、货物、储备、资产负债的结存数量。简单地说是尚未出售的产品。按照这个逻辑未出让土地才应该叫存量用地，然而现实使用中却恰恰相反，存量用地一般是指已经出让的土地，存量开发是对已出让土地的再开发。这些存量用地往往是合同未到期，只是地均产出和税收低。"存量"这个话语暗含着这样的意识：重要的是土地所有权、地均产出和税收，而不是土地使用权、合同、年期。虽然工业用地已经出让给企业，但这些土地仍然是政府的存量。

第一节　增量开发中法律层级的制度变革

改革开放中有两个富有成效的制度改革，也是经济繁荣的前提，一个是土地产权制度改革，一个是建立市场经济制度。土地产权包括所有权、占有权、使用权、收益权、出租权、抵押权等（陆红生，2002）。本章讨论的城市土地产权制度主要围绕土地产权中的所有权、使用权、收益权，此外还有对于存量开发有重要意义的土地发展权（或称土地开发权[①]）。经济学一般认为国有产权、共有产权、私有产权这三种产权界定之中，国有产权最缺乏效率，而私有产权最有效率。中国城市土地产权制度变革的过程是从国有产权逐步趋向私有产权，两极之间的状态可以称之为有限私有产权，限制条件为土地使用权、用途、年期等。土地市场制度的变革则是从计划经济趋向于市场经济，从不完全市场向完全市场靠近。

一般来说现行的政治规则决定经济规则，经济规则界定产权，产权以及由此产生的契约是由政治决策过程界定并实施的（诺斯，2014）。城市土地产权制度和土地市场制度的变革是由国家通过修改宪法、法律以及一些准法律地位的国家政策实现的。下面梳理中国城市土地产权制度和土地市场制度变迁的过程。这些法律层级的制度变化支撑了增量开发，也逐渐塑造了存量工业用地，构建了工业空间转型的制度环境。如果没有这些法律制度变革，工业空间转型将会呈现完全不同的表现，也就不会出现具有当前特点的工转研现象。

一、第一个关键变化：城市土地国有

法律层级的第一个关键变化是发生在 1982 年的"城市土地国有"，八二宪法第十条规定："城市的土地属于国家所有。"城市土地国有是对土地产权最根本的初始界定。

在此之前城市土地主要是通过没收和社会主义改造而来的国有土地，在法理上和实际情况上也存在私宅民地但比例很小，有关资料显示，1982 年城市中的集体所

---

① 法学、经济学、城市规划等学科学者主要使用"土地发展权"一词，较少使用"土地开发权"，虽然对于两者概念是否等同也有争议，但使用"土地开发权"的文章一般将其等同于"土地发展权"。

有土地和私有宅基地仅占 4%（刘正山，2015）。很多学者认为八二宪法收走了城市私宅业主的土地财产权，对此仍然存在争议。华新民认为 1990 年和 1995 年的两份法规文件确认了 1982 年以后城市私宅业主的土地财产权的存续。[①]对于比例很小的城市私宅民地的争议并不影响八二宪法对当时和之后绝大部分城市土地的国有产权界定，而且此后三十多年城市土地增长迅速更加冲淡了私宅民地比例。一些当事人对修宪过程的回顾表明，当时虽然有人从城市私宅民地角度提出了意见，但几乎没有引起讨论和争议，或者说在当时这对修宪而言就不是重要的问题，其主要的争议在于要不要同时将农民土地归国家所有。周其仁（2013）在分析胡乔木的修宪说明文稿后提出，1982 年修宪提出"城市土地国有"的原意是考虑大规模国家工业化占地与农民之间的矛盾。全部土地一下子国有化的震动太大，先从城市土地的国有化开始。土地国有是为了国家工业化和城市发展建设方便，为了减少占用农民土地的争议和成本；当时讨论了全部土地国有，为避免社会震动太大而没有在城市土地国有的同时将集体土地国有化，但八二宪法第十条中也留下了一个口子："国家为了公共利益的需要，可以依照法律规定对土地实行征用"，即在发展需要的时候可以随时将涉及的集体土地国有化，这样可以将矛盾缩小到城市建设需要占用的集体土地，并且分散到若干年的时间段里。华新民认为八二宪法城市土地国有"与意识形态并没有必然的联系，应该属于利益动机"。[②]

1982 年宪法直接规定了城市土地所有权归国家，这是对土地产权的初始界定。当时还处于计划经济时期尚未建立社会主义市场经济，对土地采用划拨的分配和使用方式，城市土地国有便于拆迁和划拨。这样的土地产权初始界定并没有考虑土地的市场交易，而是考虑城市发展和国有企业可以方便地获得土地。这符合诺斯（2014）所说的，统治者从其自身利益出发来设计产权，而交易费用则使得典型的无效率产权普遍存在。土地划拨使用延续计划经济思维，按照政府计划将土地划拨给国企使用，因此这一制度的缺点是不能将土地转移到最有效率使用者手中，甚至于民企和外企不能合法的获得土地，只能以较高的交易成本曲线获得土地。这些问题需要六年之后进一步改变制度来解决。

城市土地国有是中国大规模工业化和城镇化得以低成本、快速开展的基础。国

---

① 华新民："城市私宅土地从未消失，始终'我有'"，《腾讯网历史频道》，2011 年 7 月 1 日，http://news.qq.com/a/20110701/000579.htm。

② 同上。

家从法理上拥有了土地，虽然最初的考虑仍然是将国有土地划拨使用，然而随着企业需求和制度的不断变迁，逐渐转向了土地有偿使用，为城市开发建设获取了资金。城市土地国有奠定了政府作为单一供应方的土地市场的基础，形成了带有强烈计划经济色彩的土地供应计划。城市土地国有是土地不完全市场的制度根本，决定了此后数十年时间里土地市场和房产市场上所表现出来的种种特殊的、不同于市场经济的现象，例如土地作为宏观调控手段、一边收紧土地供应一边限购平抑房价等。城市土地国有也决定了当前存量用地开发和工转研现象的特性。地方政府对于已出让给企业的土地仍然非常关心其使用效率，根据情况采取措施进行干预，而且具有强大的干预权力，其权利根源就在于土地所有权。

二、第二个关键变化：土地的使用权可以转让

第二个关键变化是土地所有权与使用权分离、允许土地使用权有偿转让，这即是土地产权的再次界定，也是对土地产权进行市场交易的许可，是土地产权制度和土地市场制度的双重变革。转折性的实践是 1987 年深圳拍卖土地试点，而全国法律的变化发生在 1988 年，即宪法和土地法的修改。

改革开放初期，国企使用土地由政府划拨，内资民企需要用乡镇企业或联合经营的名义办厂才能获得土地，但是迫切需要引进的外资企业办厂却缺乏合法地获得土地的途径。正是由于外资企业的需要，国有土地有偿使用的探索实践从 1979 年的深圳蛇口工业区就已经开始。这一时期采取的方式是租赁而不是转让，"香港招商局在蛇口工业区租赁土地 1 000 亩，每年每亩付地租 4 000 港元，租赁期限 15 年"（刘正山，2015）。1979 年和 1980 年两个国家层面的法律法规[①]，对中外合营企业做出了关于"场地使用权"和"场地使用费"的规定。1981 年广东省"收取土地使用费的规定，适用于在特区兴办企业、事业的所有单位"[②]。这一规定在深圳特区将土地有偿使用的适用范围从中外合资企业扩展到了所有企业。

1984 年国务院批转的《沿海部分城市座谈会纪要》建议开放十四个沿海港口城市，"在扩大城市权限和给予外商投资者若干优惠方面，实行一些政策和措施"。其中对中外合资、合作经营企业及外商独资企业的"土地使用费或土地税的收取标

---

① 《中华人民共和国中外合资经营企业法》《关于中外合营企业建设用地的暂行规定》。
② 《深圳经济特区土地管理暂行规定》。

准，由各市在国家规定的幅度内灵活掌握"。会议纪要同时提出"逐步兴办经济技术开发区"，但对开发区并没有单独提出土地政策。灵活掌握收取土地使用费是中央政府授予十四个沿海开放城市的权限，并将其主要应用于经济技术开发区的合资、合作、外资企业。1984 年土地有偿使用并没有立即向内地城市扩展，全国内地城市仅有抚顺市一个征收土地使用费的试点，"是非沿海城市中起步最早的"（刘正山，2015）。土地使用费形式的土地租赁探索，事实上实践了土地使用权和土地所有权的分离，下一步需要在法律上将两权分离。

需要指出的是，上述土地租赁的地方探索和合资企业使用土地收费的法规，或是局限于特区和沿海开放城市，或是局限于外资、合资企业，并不是国家层面的城市土地产权制度的全局性改变。但是这一系列围绕土地租赁的地方实践与改革举措指向土地使用权转让，最终指向修改宪法和土地法。企业经营需要稳定的预期，场地使用费这种年租的租赁方式具有较高的不确定性，不能获得土地产权极大地削弱了企业进行长期连续投资的意愿与信心。当时深圳特区还是以划拨使用土地为主，有偿使用的比例很小，土地使用费形式的租金收费总额与城市建设投入相比太低。据周其仁（2013）考证，当时港商霍英东提醒了深圳官员：你们有土地，怎么会没有钱？钱可以从土地中来。深圳派出调查组赴香港研究土地财政经验，"并于 1986 年拟就'深圳土地管理制度改革方案'，要点就是出让国有土地的长期使用权，以此为城市建设筹措资本，并给中外投资者利用土地的长远预期。" 1987 年 12 月深圳市按照国务院试点文件，首次公开拍卖一幅住宅用地，使用权为 50 年。同年 12 月底，广东省通过《深圳经济特区土地管理条例》，其中规定"特区国有土地实行有偿使用和有偿转让制度"。

经过地方试点的成功，终于可以在宪法和国家法律层面进行认定。1988 年宪法修正案增加了"土地的使用权可以依照法律的规定转让"。同年《中华人民共和国土地管理法》增加"国有土地和集体所有的土地的使用权可以依法转让"，"国家依法实行国有土地有偿使用制度"。这一城市土地产权制度的重大变革不仅解决了外企和民企合法长期使用土地的现实问题，也为城市建设筹集了资金，更重要的是在一个禁止土地产权转让的国家从法理上找到了一种变通的方式：保持土地所有权国有，允许土地使用权（土地产权的一部分）转让。城市土地使用权转让为中国大规模工业化、承接全球化资本转移、快速的城市化以及社会主义市场经济体制的构建奠定了基础。

在建立土地有偿使用制度过程中，外商特别是港商、华侨发挥了游说政府改变制度的作用。据国家工商总局 1987 年统计，华侨华人、港澳同胞投资企业占当时外商投资企业总数的 80％，投资额占外商投资总数的 70％。最初是外资企业想要合法地长期使用土地，这一改变制度的诉求正是为了改善处境、减少不确定性、获得潜在利润。外企将问题反映到政府，地方政府和中央政府也都认识到了改变原有制度对发展经济的好处，于是最终通过立法改变了规则。这一制度变革一定程度上借鉴了香港土地制度，在满足现实需求的同时也存在一些问题，埋下了日后其他方面的麻烦。周其仁（2013）认为，香港土地制度是 1840 年割地赔款以及 1997 年回归期限的结果，名义上土地归英国皇家，依照英国本土的王室领地处理，批租给民间和市场经营；然而中国大陆不是殖民地，也不是"所有土地都是国家财产"，更没有 1997 回归问题。借重香港土地经验，急急冲开了禁区，明显之失有三点，一是当时急忙定下的土地转让年期，如住宅用地 70 年、工业用地 50 年，导致独特的"房地分离"；二是住宅、工业和商用土地分类管制僵化，当技术、产业和需求结构进一步变化时成为障碍；最大之失，是把特殊的香港单一土地所有制推行全国，其实全部土地归港英政府只是港岛的殖民地体制遗产，并不是包括新界在内的全部香港的土地制度，与英国本土的土地制度更是大相径庭。

1988 年土地使用权有偿转让制度建立之后，在一个很长时期里存在划拨和出让的双轨制，出让又分为协议出让、招拍挂出让两种方式。虽然 1994 年的《中华人民共和国城市房地产管理法》和 2001 年的《划拨用地目录》中划拨方式已经不包含工业用地，但划拨工业用地的方式事实上长期被使用，直至 2003 年的全国划拨用地情况统计数据中仍然有近 11%的工矿仓储用地（王顺祥，2006）。协议出让比划拨对开发区影响更大，在 1992～2003 年开发区大发展的时期，大量的工业用地以极低的价格协议出让，低地价成为重要的招商引资手段。深圳在 1988～1999 年期间有偿转让的土地总量中通过协议出让的占 97.7%；汕头在 1992～1999 年期间出让的土地有98.8%通过协议出让（朱介鸣，2009）。工业用地的划拨使用和协议出让这两种配置方式，特别是协议出让的长期存在，使得大量工业用地被企业低于市场价格获得，必然造成圈地、多占、低效使用。刘正山（2015）在《当代中国土地制度史》中写道"制度的缺陷导致了很多问题。一是各地为了招商引资，竞相压低地价，无原则让步；二是房地产和开发区出现了'圈地运动'。"两次开发区热和两次清理开发区正是这一时期发生的，土地制度起到了推波助澜的作用。据建设部统计，截至 1993年全国县级以上 6 000 多个开发区占地 1.5 万平方千米，比当时城镇用地面积总量1.34 万平方千米还多。协议出让方式形成了主要的存量工业用地，一方面全国众多的开发区拥有巨大的工业用地存量，另一方面这些工业用地广泛存在低效利用的情况。可以说，当前转向存量开发，正是由于增量开发阶段过多占用耕地和低效使用土地。

三、第三个关键变化：土地出让金和产品增值税分配

第三个关键变化是在 1994 年财政分税制度改革中，把"国有土地有偿使用收入""城镇土地使用税""土地增值税"划为"地方固定收入"，以及分配产品增值税（中央 75%，地方 25%）。[①]从土地产权构成上看这是对土地收益权的分配。土地所有权是国有的，但土地使用权转让的收益归给了地方政府，这一制度变革为地方政府提供了激励。按照合约理论和佃农理论，这可以看作是地方政府从国家手中承包了城市土地，城市土地近乎地方政府的财产。与之相对的地方政府辖区内的集体土地并不是地方政府财产，因而地方政府有动力向中央政府争取城市建设用地指标把集体土地变为地方政府财产。

当时土地出让金相比于税收是一个比较小的收入，然而随着城市化的进展土地出让数量增加、土地价格逐渐升高，土地出让金成为一个巨大的收入来源，在地方财政收入中占相当重要的比重。这一制度极大地促进了地方政府对城市经营、城市开发建设、房地产开发的热情，从此开启了如火如荼的"土地财政"。综合国土资源部、国家统计局、财政部数据，2004～2013 年中国土地出让金收入占地方财政收入的比重普遍超过 40%，最严重是 2010 年，比重达 69.4%，其后分别为 2011 年 59.3%、2012 年 43.6%、2013 年 59.8%。[②]

从 1994 年开始工业投资者要付 17% 的产品增值税，张五常（2009）认为这个增值税是分成租金，投资者与各级政府分成。上级政府鼓励甚至强迫地方竞争，由于分成租金（产品增值税）的存在，地方政府可以降低固定租金（土地出让金）来招商引资，从而出现了激烈的低地价竞争。工业用地由于地方之间的招商引资竞争和协议出让导致地价便宜，被扭曲的土地价格失去了价格信号的作用，很多企业过量拿地，大量工业用地没有被高效集约地使用。三十多年粗放的增量开发积攒下大量

---

① 《国务院关于实行分税制财政管理体制的决定》，1993 年。

② 罗宇凡、吴燕婷："全国一季度土地出让金超万亿，占地方财政收入一半以上"，《新华网》，2014 年 4 月 26 日，http://news.xinhuanet.com/house/nb/2014-04-26/c_1110422851.htm。

的低效产业用地，当开发区进入再开发的阶段以及中央政府开始要求进行低效城镇用地再开发，地方政府获得了通过存量开发改变工业用地用途而再一次获取高额土地出让金的机会。在增量用地指标受到控制的情况下，存量开发这个获取土地出让金的渠道就显得更加重要。正是土地出让金归地方这一制度产生了地方政府自身的一个重要经济利益。地方政府现在对存量开发的热情与过去对增量开发的热情一脉相承。

四、第四个关键变化：工业用地招拍挂

第四个关键变化是工业用地的招拍挂制度，是土地市场制度的一个重大变化，由 2006～2007 年一系列法规和准法律地位的国家政策完成。

虽然 2001 年国家政策提出为体现市场原则大力推行土地使用权招标和拍卖制度[①]，是"经营性土地从非市场配置向市场配置转变的分水岭"（刘正山，2015），但 2001～2006 年相关规定并不要求工业用地必须招拍挂，当时要求必须招拍挂的是商业、旅游、娱乐和商品住宅等各类经营性用地。[②]

2006 年 5 月，相关规范调整为"有竞争要求的工业用地"需要进行招拍挂。[③]2006 年 8 月国务院通知要求"工业用地必须采用招标拍卖挂牌方式出让"。[④]2007 年相关部门规定：政府供应工业用地，必须采取招标拍卖挂牌方式。[⑤]至此，工业用地必须执行招拍挂制度，这使得开发区不能再继续通过协议出让土地方式低地价招商。从提高资源配置效率的角度来看，招拍挂制度通过价格机制配置土地资源，有利于将土地转移到最有效率的使用者手中，有利于提高土地使用效率和经济效率。工业用地必须招拍挂，使得在一个城市之内的土地交易从一对一的协议方式变为一对多的招标、拍卖、挂牌方式。城市土地市场向市场经济更近了一步。如果企业都从中央政府买地，则土地市场是一个供应方垄断的、"一对多"的市场。地方与中央的承包形成了市、县（区）为主的地方竞争（可视为分公司竞争），从"一对多"变为"多对多"极大地改变了土地市场的垄断性。激烈的地区竞争（供应方竞争）和企业竞

---

① 2001 年《关于加强国有土地资产管理的通知》。

② 2002 年《招标拍卖挂牌出让国有土地使用权规定》。

③ 2006 年国土资源部《招标拍卖挂牌出让国有土地使用权规范（试行）》。

④ 2006 年《国务院关于加强土地调控有关问题的通知》。

⑤ 2007 年《国土资源部、监察部关于落实工业用地招标拍卖挂牌出让制度有关问题的通知》。

争（需求方竞争）提高了市场配置资源的效率。

在增量开发中，土地产权制度和土地市场制度在法律层级（宪法、法律法规以及准法律地位国家政策）的种种变革重新构建了规则，对于实现产权界定、市场交易和利益分配的制度功能发挥作用，作为稳定而明确的规则能够极大地减少不确定性从而降低了交易成本（图4–1）。法律层级的制度引导和支撑了地方政策、片区规划和项目合同。

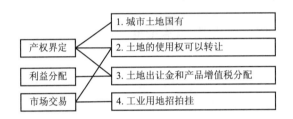

图4–1　增量开发中法律层级的土地制度变革实现制度功能

第二节　存量开发中法律层级的制度需求

通过制度变迁的历史回顾可以发现，大规模的增量开发是强有力的法律层级制度供给的结果，同理大规模的存量开发也必然需要有力的制度供给，然而事实上当前的存量开发主要依靠政策的变革开展，缺乏法律层级的制度改革。1999年开始实施的《合同法》、2007年开始实施的《物权法》在法律层面上加强了保护产权的作用，但存量开发最需要的土地二级市场制度和土地发展权制度尚未体现在土地法及其实施条例中。土地发展权是指变更土地使用性质或者提高土地利用集约度之权，存量开发需要改变已经界定给土地使用权人的土地的用途或强度，就必然涉及土地发展权。华生（2014）认为土地开发权（土地发展权）是解开土地迷局的总钥匙，城市化转型的中国面临的真正问题，与其说是土地所有权的形式，不如说是土地开发权的归属和分配。土地发展权的确立必然需要法律层级的制度变革，如同土地使用权在增量开发中至关重要的作用，土地发展权将在存量开发中发挥重要作用。

一、存量工业用地的再开发需要土地二级市场制度

（一）四个关键的制度变革形成了存量工业用地

城市土地国有是单一供应方的土地市场的基础，决定了工业用地从政府到企业的单一流向；使得中央政府可以用土地供应计划进行宏观调控，中央政府决定地方城市建设用地增量指标并导致一些城市必须转向存量开发；城市土地国有决定了地方政府对已出让工业用地具有干预的愿望和权利。

土地使用权有偿转让，实现了工业用地从政府转移到企业手中，与之相伴的是大量的外资、内资建厂和开发区的快速发展，形成了当前开发区拥有最大量的存量工业用地的状况。土地使用权只能由政府转让给企业和政府收回，企业之间不能轻易地转让，同时土地使用权转让有年期限制，这些导致了当前尚未到期的存量工业用地如何有效率地实现再开发的问题。

土地出让金归地方和增值税分配，在制度上划分了潜在利润，为地方政府提供了激励，促进了激烈的地方竞争，产生了大量的工业用地开发，也为当前地方政府进行存量开发提供了激励。

工业用地必须招拍挂，通过价格机制对工业用地资源进行市场化配置，提高了工业用地的利用效率。招拍挂制度有些情况下也削弱了原使用权企业进行再开发的愿望。由于在招拍挂中不一定能再次获得该土地，一些企业不愿意进行再开发。允许原土地使用权人进行再开发是对潜在的土地发展性收益的分配，为原企业提供了激励，不论是划拨用地的国企还是协议出让用地的民企，在获得这种激励之后都更有动力进行再开发。

缺少以上任何一个制度变化，工转研乃至工业用地存量开发都不会呈现当前的表现。譬如大的制度方面，如果城市土地不是国有而是私有，或者允许土地使用权人之间的转让，则一个城市的土地交易是众多产权人之间的交易，而非当前地方政府和企业一对多的垄断供应交易，不会出现政府强势干预企业的土地用途并使之转向科技研发用途的情况；又譬如小的制度方面，如果制度一直不允许原土地使用权人改变空间用途，就不会出现大量的厂房改造创意产业园，以及当前原企业拆除厂房、建设科技研发大厦的工转研。

（二）多重双轨制对存量工业用地的影响

一步一步的制度变革形成了土地的多重双轨制：国有土地与集体土地、划拨土

地与出让土地、协议出让土地与招拍挂出让土地（图4–2）。双轨制是一种渐进式改革，保持多数利益集团的利益，每一时期仅影响一部分利益集团，减少了改革阻力。同时双轨制也存在制度缺陷，成本不同、价格不同、市场混乱，价格机制部分失灵导致相当一部分空间资源配置无效率。多重双轨制形成了复杂产权的城市空间，在各个时期都有主流的方式同时也多样共存。这些空间到了转型时期也受到产权差异的影响。

图4–2 土地的多重双轨制

中国土地产权与市场制度的多重双轨制塑造了多种类型的存量工业用地及其开发特点。存量工业用地由于产权、交易方式、定价方式、集约程度不同，在每一轮空间转型中的转型方式与表现不同。国有划拨用地的方式在土地有偿使用制度之前和之后都存在，无偿划拨形成了大量存量工业用地（主要是老工业区、市区老工厂）。如前所述，国有产权常常效率比较低，一批国企工厂经营不善、亏损、破产，一大批划拨工业用地在20世纪90年代时已经处于低效利用或闲置状态。土地有偿使用制度建立之后，协议出让和招拍挂出让形成了大量新的存量工业用地。"分成合约"制度造成的低地价竞争也存在一定的缺点，从经济学的角度看，削弱了土地市场上工业用地的价格信号。价格机制不能充分发挥优化资源配置的作用，（由于低价而多购买的）一部分工业用地没有到最有效率的使用者手中。土地有偿使用的初期地方政府也不担心土地会很快卖完，而招商引资的数量和企业贡献的GDP、税收回报却是衡量本届政府政绩的重要指标。因此，地方政府有动力压低地价尽可能吸引更多的企业。很多时候协议出让的土地价格远远偏离了土地价值，其后果是很多企业因为低价而过量拿地，既定的投资强度被过量的土地稀释。低强度开发、低效率使用甚至部分闲置，单位土地面积产出偏低。这些低效工业用地大多数形成于协议出让为主的时期（1988～2006年）。存量开发已经开始面对当初低价协议出让的工业用地，今后一个时期将面对更多的此类工业用地的再开发。

（三）存量工业用地再开发需要建立、健全土地二级市场制度

工业用地到了存量开发的时候，土地出让合同中的土地用途限制使得土地使用权人不具有改变用途的权利，即使符合城市规划，土地使用权人也不能自行改变用途获取土地发展性收益。工业用地再开发需政府向土地使用权人授予改变用途和强度的权利（即土地发展权），当前现实中的一般方式是重签土地出让合同或签补充协议（土地发展权被新条件的土地使用权替代），并以补交土地出让金的方式分配土地发展性收益。这种方式是协议出让，很多城市政策中明确表述为可采用协议出让方式。当前存量与增量并存的时期，不但要面对以往多重双轨制的遗产——多种产权类型的工业用地，而且制度变迁已经开始创造新的双轨制：新增建设用地和政策性的存量用地，二者的出让方式、价格、限制条件都有巨大的差别。

如果存在一个土地交易的自由市场，土地就能够以较低的交易成本转移到最有效率的使用者手中。虽然土地一级市场是由政府垄断的一对多的市场，对于新增建设用地的开发来说，征收农村集体土地加上招拍挂制度已经近乎可以找到最有效率使用者。对于存量用地再开发，则由于回购成本太高导致政府不能全部收回再进行招拍挂，只能选择一部分（利润高的改为住宅用地的土地和涉及公共利益的土地）收回。为了避免长期陷于一对一的协议出让，使有待再开发的工业用地转移到更有效率的开发者和使用者手中，存量工业用地的再开发需要建立、健全土地二级市场来发挥市场空间资源配置的作用。

二、土地发展权的三种模式及其制度演变趋势

土地发展权制度是为了应对城市更新、再开发、耕地和遗产保护等问题而建立的。土地发展权在域外国家或地区的制度设计有三种模式：土地发展权国有模式（英国）、土地发展权私有模式（美国、日本、意大利、中国台湾地区等）和土地发展权共享模式（法国）（姚昭杰等，2016）。每一种模式之下，城市中的再开发都需要符合城市规划。在土地发展权私有的国家，符合规划的情况下（美国还需要交纳开发费），土地产权人就可以进行再开发；在土地发展权国有的国家，符合规划的情况下，土地产权人还需要购买土地发展权才能再开发。

英国基于"涨价归公"的理念，在土地私有的基础上实行土地发展权国有模式。土地开发者需要向国家购买土地发展权。1947 年工党政府修订《城乡规划法》首次设置土地发展权制度，将土地发展权界定为一项可单独处分的财产权并归国家所有。土地开发者（包括原土地所有权人）如果开发土地必须向国家购买土地发展权，价格为全部土地发展性利益。实施后土地市场几乎停顿，原因是购买土地发展权大幅

提高了开发成本，而且全部发展性收益归国家，私人失去开发的经济动因。1952年保守党政府将该法废止，20世纪60～70年代工党政府再三尝试立法，对土地发展权的定价多次修改（土地发展性收益的40%、80%、60%），实施效果依然不理想。基于土地价格不断上涨的现实情况，保守党逐渐认同"涨价归公"的理念。1990年新《城乡规划法》将议价机制作为私人购买土地发展权的基本方式，购买土地发展权的对价主要表现为承担一定的规划义务（Planning Obligation）。规划义务的形式除了支付现金还可以出让某种权益或承担基础设施建设，包括经济适用房、交通设施、学校、公共图书馆、博物馆、运动设施等。国家将土地发展权转让给土地所有者或开发商的过程是平等主体之间的讨价还价。国家以市场主体的身份而非公权力机关参与土地发展权交易。协商议价的结果取决于具体情况和双方的谈判能力（姚昭杰等，2016）。

美国基于"涨价归私"和所有权绝对的理念，在土地私有的基础上实行土地发展权私有的模式。1960年代建立土地发展权制度，包括土地发展权购买制度、土地发展权转移制度和土地发展权银行制度。[①]美国土地发展权制度建立的逻辑在于，早期城市化进程中私有土地产权不受限制从而产生了城市迅速扩张、大量农用地流失等不良后果，后来政府用土地分区规划进行土地用途管制以避免不良后果，但管制也损害了私人财产权、遭遇反对而没有达到效果，因此出现了土地发展权的政府购买和市场转移等种种对私有土地产权人进行补偿的制度。需要注意的是，"美国的绝大多数农地都没有土地开发权，现存的土地开发权（即在一大片农庄上有建几处房子的权利）也是考虑美国历史上自移民拓荒时代以来，农场主在自己农场上建住房和农用房从来都是自己的权利，故在实行土地用途和规划管制（即等于是一次性无偿收走所有人的开发权）的同时，由各地政府相应地规定了在多大面积的农场土地上可以建一处房子的开发权利"。（华生，2014）

土地发展权购买制度是州政府、地方政府向土地所有权人购买土地发展权。土地所有权人仍然可以按照现状使用土地，但不能再开发土地。其目的是保护城市周边优质农田，保护历史遗迹、环境敏感地带和开敞空间等。地方政府以市场主体而非公权力机构的身份参与购买。购买不具有强制性，建立在平等自愿、协商议价的基础上，与土地征收存在本质区别。有23个州实行了购买制度，保护了200多万英

---

① 为了实现土地发展权的充分市场化，确保土地发展权价格相对稳定，避免供不应求或供过于求，出现了土地发展权银行制度。早期土地发展权银行直接参与交易，稳定成熟后转变为提供服务。

亩优质耕地。

土地发展权转移制度①在马里兰州等用于辅助土地规划管制。政府依土地分区规划确定适合开发区（一般是城市中心或未来城市发展区）和不适合开发区（一般是农业地区、环境敏感地区、开敞空间和历史建筑保护区）。适合开发区为土地发展权转移的接收区，不适合开发区为发送区。发送区的土地所有者转让土地发展权之后只能以现状使用土地；接受区的土地所有者购买土地发展权后可以与原有的土地发展权叠加使用，实现额外开发。分区规划限制的目的是消除有害的土地利用，但有时也会严重损害私人财产权，土地发展权转移制度解决了这一问题。被规划限制开发的土地所有权人可以通过转移土地发展权获得收入，满足了补偿诉求（而且补偿不来自于政府财政而来自于市场）。在土地资源配置中引入市场机制，解决了分区规划干预模式在资源配置时的僵硬和无效率。分区规划容易造成允许开发的土地价值大幅上涨，禁止开发或低容积率的土地价值大幅下降，因而土地所有权人为了获得开发机会向政府官员行贿。土地发展权流转可以实现市场化的利益分配，克服传统分区规划的弊端。该制度取得了巨大成功，深受土地所有者和开发商的支持，至2007年有33个州实施了数百个土地发展权转移项目。

美国土地发展权制度成功的关键在于，将土地发展权界定为一项财产权并归属于原土地所有权人所有，同时为土地发展权流传创造充分的市场条件。一方面保护私人产权，避免政府与民争利；另一方面充分利用市场机制配置资源，达到效率最大化（姚昭杰等，2016）。

法国基于"涨价归公私共享"的理念，通过设定法定上限密度将土地发展权分解为法定土地发展权和增额土地发展权。前者归属于土地所有者，后者归属于国家（地方政府）。土地所有者开发土地超过法定上限密度需要向国家购买增额土地发展权。初期将巴黎市区的法定上限密度设定为1.5，其他地区1.0，以容积率为量化标准。过低的法定上限密度打击了私人开发土地的积极性，1982年巴黎市的法定上限密度调整为1.5～3.0，其他地区1.0～2.0，1986年再次上调（姚昭杰等，2016）。

比较这三种模式及其演变过程，可以看到土地发展权制度的变化趋势。英国将土地发展权初始界定为国有，经过四十多年政府与企业的定价博弈，将立法定价改变为议价机制。国家以市场主体身份与土地开发者议价，实现平等的市场交易。美

---

① 1968年纽约修正《地标保护法》首次实施土地发展权转移制度，允许地标建筑物的所有人将其未使用的容积率转移至其他土地上，其目的是保护历史文化遗产。

国的土地发展权初始界定为私有，其制度的三部分（购买、转移、银行）全部围绕市场交易。法国将土地发展权分解为两部分，实现公私共享土地发展性利益，经过多年分配博弈逐渐达到市场接受的平衡点。这三种制度的变化过程都与科斯定理吻合，不论产权初始界定是国有还是私有，只要保护产权、降低交易成本，通过市场交易最终会优化资源配置、提高经济效率。由于存在交易成本，产权初始界定就有了效率上的差别。私有产权可以更快达到土地资源最有效率配置。国有产权、共有产区通过市场交易的调节也能渐渐达到有效率配置。美国的土地发展权私有模式比英国的土地发展权国有模式更快获得成功；法国的土地发展权共享模式调整的时间比较短；英国的土地发展性收益分配逐渐向企业倾斜；法国的法定上限密度值由低到高的变化过程；这些都反映出土地发展权私有化的制度发展趋势。私人土地所有者分享较多的土地发展性收益才能产生足够的市场激励。英国经历了几十年的博弈将定价机制从政府单方定价变为议价；美国的制度设计全部围绕市场交易。这反映出土地发展权市场化的制度设计发展趋势。

三、法律层级的土地发展权缺位、替代和问题

中国现行的法律体系特别是土地法、规划法没有涉及土地发展权，"缺位并不意味着土地发展权不存在或被抛弃，只是在其应当发挥作用的环节，以其他权利（如使用权）或权力（如规划权）的形态出现或处于模糊状态"（高远，2009）。实际上土地发展权以其替代形态出现，即有条件的土地使用权（在土地合同中改变土地使用权的限制条件），因此事实上，中国城市土地的土地发展权是国有的。

地方政府将土地使用权出让给企业，实现了土地的第一次转让和增量开发。存量工业用地要想实现再开发，政府需要将土地发展权赋予原土地使用权人，或者通过土地二级市场将土地重新配置。然而受制于原有的制度，这两种方式都不能直接实现。在原来的制度下，由于没有设置单独的土地发展权，需要变更土地用途时不能直接向政府购买土地发展权，而必须完整的重复"收回—出让"整个流程，将土地所有权中的土地发展权通过新的合同条款依附于土地使用权。上述重新出让的方式，实际上相当于土地发展权国有、用有条件的土地使用权代替土地发展权。土地发展权的获得体现在土地出让合同中对于土地用途和容积率条款的变更。土地发展权的价格主要取决于两种用途的土地出让金价格差。

王永莉（2007）认为"中国事实上存在大量土地发展权问题，但是目前还没有

相关的制度设置"。在存量工业用地的再开发方面，土地发展权缺位也产生了一些问题。首先，土地产权不够清晰，由于没有法律层面的规定，土地发展权的归属不明确；其次，交易成本高，有些工业用地再开发需要重走全部开发程序，交易成本高不利于再开发；再次，土地发展权不能单独定价，补交土地出让金涉及现有建筑物的估价使得定价复杂化，而且存在不公平的可能性，还留下寻租空间容易滋生行贿腐败；最后，造成已经不允许的协议出让方式重新开始使用。此外，中国未设置土地发展权、不能进行土地发展权交易也对城市规划产生了影响，控规只能借鉴国外的容积率奖励不能借鉴容积率转移，容积率仅能来自于政府奖励而不能在企业间进行交易。

姚昭杰等（2016）认为中国设置土地发展权具有必要性：（1）保护和分配土地发展性收益；（2）解决土地征收矛盾问题，增加农民财产性收入；（3）保护耕地，促进土地资源节约集约化利用；（4）完善中国土地权利体系。其可行性包括：（1）党中央深化改革的决定[①]；（2）域外经验可资借鉴；（3）中国地方土地发展权运用的实践；（4）学术研究成果提供了必要的理论支撑。英国设立土地发展权是由于政府希望分配再开发的收益，美国的地方政府希望保护某些土地原有的用途，让所有者不要再开发并以市场化方式进行补偿。中国的一些地方政府比企业更有动力再开发，即希望分配土地发展性收益，又希望提高企业产值、土地产出（即分成合约的基础）。每个国家在土地发展权上都必须要面对的问题是如何提供对开发主体的激励以及对土地发展权所有者的补偿。如果不能提供足够的激励，市场上就不会广泛出现再开发活动，如果不能够提供足够的补偿，土地发展权所有者（国家或私有土地产权人）就不愿意交易。

中国土地发展权的归属是模糊的。由于土地双轨制，城市土地和农村土地所有权是两种逻辑，并不能从农村集体土地所有权不包含土地发展权而推导出城市土地所有权也不包含土地发展权。法律没有明确城市土地发展权是直接属于国有的、由规划权进行管制，还是包含在城市土地所有权之中，事实上城市土地用途受到国土局和规划局的双重管制，单独有其中一个许可是不够的；不符合城市规划不能改变土地用途，符合规划也并不能直接获得改变用途的权利，而是要补交土地出让金差

---

① 2013 年中央十八届三中全会《中共中央关于全面深化改革若干重大问题的决定》和 2015 年中央一号文件《关于加大改革创新力度加快农业现代化建设的若干意见》提出："建立兼顾国家、集体、个人的土地增值收益分配机制，合理提高个人收益。"文件为我国土地发展权的设置指明了方向。

价、重订土地出让合同才能获得土地发展权。这表明中国城市土地发展权在事实上是国有的。当前中国的土地发展权还是模糊产权，而模糊产权的效率低、交易成本高。土地发展权或其替代形态亟待改革，有必要通过法律层级的制度改革使这一产权清晰界定并允许进行交易。

第三节 法律层级对开发区工业空间转科技研发空间的影响

一些发达国家在法律中关注城市用地的再开发，如英国在《城乡规划法》中设置土地发展权，日本在《土地区划整理法》中对土地用途改变获益进行分配。相比之下，中国现有相关法律体系一般形成于增量开发时期，主要解决城市土地首次开发的问题，而对再开发考虑不足，仅有很少条款涉及。原有的法律层级尚未针对存量开发进行改变。

当前的工转研沿用原有的法律体系，获得转型科技研发的土地发展权需要借助于原来支持土地使用权界定和交易的法律制度，虽然地方政策已经做出探索但仍需在程序和形式上合乎原有法律。宪法和土地法界定了土地使用权并支撑土地一级市场。合同法与物权法加强了对原有产权的保护。在存量开发中需要土地发展权和土地二级市场来实现产权界定、市场交易的制度功能。这两个方面的制度改革将寄希望于土地管理法、城乡规划法和准法地位的国家政策（图4-3）。

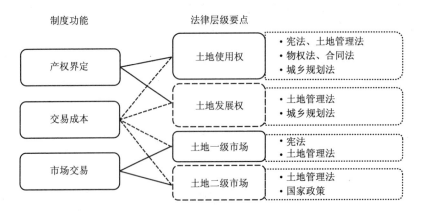

图4-3 存量开发中需要法律层级的制度变迁实现制度功能

《中华人民共和国土地管理法》（2004）第五十六条："建设单位使用国有土地的，应当按照土地使用权出让等有偿使用合同的约定或者土地使用权划拨批准文件的规定使用土地；确需改变该幅土地建设用途的，应当经有关人民政府土地行政主管部门同意，报原批准用地的人民政府批准。其中，在城市规划区内改变土地用途的，在报批前，应当先经有关城市规划行政主管部门同意。"这一条款仅仅规定了改变土地用途必须经过政府批准，而没有涉及具体过程和利益划分，更没有将土地发展权作为一个单独的产权束。其对工转研项目的影响是，必须以土地使用权代替土地发展权，重复土地出让流程。这种方式不仅需要较多的交易成本，而且土地发展权这一产权不够清晰，再加上土地使用权在企业之间不能进行顺畅的市场交易，因此存量开发中三个方面都制约了社会总产值最大化。

《中华人民共和国土地管理法》（2004）第五十八条，"为实施城市规划进行旧城改建，需要调整使用土地的"，报经原批准用地的人民政府，可以收回国有土地使用权。在这一条款的支持下，一些地方政府如上海在某些开发区的工转项目中由国资公司代表政府直接进行，回购工业用地然后进行科技研发空间的开发建设。

《中华人民共和国物权法》（2007）第七十六条规定："改建、重建建筑物及其附属设施，应当经专有部分占建筑物总面积三分之二以上的业主且占人数三分之二以上的业主同意。"这一法律条款影响了一些城市的城市更新政策，如深圳要求在城市更新单元内进行产权人意愿的摸底调查，需要一定比例的产权人同意才能列入年度计划，并且要求单元内进行产权收集，由单一的产权人进行再开发。

《中华人民共和国城乡规划法》（2007）第四十三条："建设单位应当按照规划条件进行建设；确需变更的，必须向城市、县人民政府城乡规划主管部门提出申请。"变更内容不符合控制性详细规划的，城乡规划主管部门不得批准。这一条款支持了企业主动型工转研。零星自发的企业可以申请改变土地用途，但如果不符合控规就会涉及控规变更或者控规修改。第四十八条："修改控制性详细规划的，组织编制机关应当对修改的必要性进行论证，征求规划地段内利害关系人的意见，并向原审批机关提出专题报告，经原审批机关同意后，方可编制修改方案。"地方政府试图推动整个工业片区的更新时，往往要进行片区控规的修编。

原有法律层级的制度导致了工转研乃至城市土地的再开发往往需要在地方政策层面进行探索和实践，呈现出短期试行、不断变化、各地不同等特点。"中国仅深圳、广州等少数城市建立起较为系统的存量土地盘活办法，其他大部分城市则依赖于较成熟的增量土地制度体系，或者在其基础上进行修补、变通，或者出台暂时性的政策和措施以满足实践中部分迫切的制度需求。目前中国城市土地盘活的制度创新大部分还停留在城市一级，国家层面进行制度的顶层设计和系统设计已成必然。"（何芳，2013）增量开发为主的时期有多个宪法、法律和国家政策层面的制度供给，然而存量开发目前只有政策层面的制度供给，尚未发生法律层面的变革。城市建成空间理论上存在多个再开发时间节点：30 年（据统计全国当前平均建筑寿命）、50 年（工业用地使用权年限）、70 年（住宅用地使用权年限）、100 年（一般建筑设计寿命），可以预见绝大部分城市土地都会经历再开发乃至多次开发。存量开发必然需要法律法规层面的制度变革，需要统一、清晰而且长效的法律规则，其中最重要的是土地发展权制度、建立健全土地二级市场等。

小　　结

本章首先回顾改革开放后增量开发中的四个关键的土地制度变革，其不变的制度用意是界定土地产权、趋近市场经济、降低交易成本。土地产权制度的变迁是对产权初始界定的逐步改变，从土地国有和划拨使用到土地使用权分离出来可以转让，从协议出让到招拍挂再到允许原使用权人改变用途，这一系列的制度变迁都是对产权的重新界定。每一步制度变化使当时获得某种潜在利润成为可能，促进土地向更有效率的使用者转移或向更有效率的使用方式转变。由于目前现实中并不存在多对多的存量土地自由市场，大量的存量用地不能转移到最有效率使用者手中，因此只好在制度设计上采取了允许和鼓励原使用权人再开发的方式，试图转变为更有效率的用途。从划拨到协议出让再到招拍挂出让，土地市场制度的变迁方向一直是越来越依靠市场配置，然而当前的存量开发回到了协议出让，将会降低交易的市场性和公平性，因此制度改革需要建立健全土地二级市场，使土地使用权和土地发展权可以在企业之间顺畅的交易。对于工转研乃至整个存量开发，目前法律层级的制度尚未发生变革，仅仅依靠地方政策和规划是不够的。存量开发需要法律层级的制度供给。三十多年繁荣的增量开发时代，其土地产权制度基础是土地使用权明确界定、单独定价和交易，同理存量开发时代需要将土地发展权明确界定、单独定价和交易以及土地使用权在企业之间的二级市场交易，否则，存量开发的效率和质量将会低于前三十年的增量开发。理论上，这些上述制度改革是下一个繁荣时期的土地制度基础。

第五章　政策层级的制度变迁与开发区工业空间转科技研发空间

当前的工转研是工业空间转型发展演进中的一个小类型和小段落，工业空间转型经过了一系列制度安排的变化而逐渐发展到今天。这些制度安排主要是政策层面，特别是地方政策的探索和实践发挥了重要的作用。地方实践中的制度安排具体怎么变化，哪些政策变化对工业空间转型有影响、如何发挥影响作用？本章主要对政策层级的制度变迁进行研究，考察和剖析政策如何导控工业空间转科技研发空间，其中部分涉及城市规划，下一章专门从规划方面进行研究。

第一节　三次工业空间转型与政策层级的制度供给

城市土地产权制度和土地市场制度变迁形成了工业空间转型最重要的制度环境。从 1990 年代至今发生了三次工业空间转型，而每一次工业空间转型又都需要新的制度供给，这些制度供给主要是政策层面。

一、第一次工业空间转型

1990 年代旧城改造中的第一次工业空间转型，是以国企单位划拨用地为主的工厂搬迁改造，一般称为退二进三、腾笼换鸟、工厂外迁等。这次工业空间转型始于1992 年邓小平南行开启的第二波改革开放和建立社会主义市场经济制度，受到住房商品化改革的推波助澜。

在改革开放之前的社会主义工业化时期，城市中大量土地被无偿划拨给国有企业用于建设工厂，到了八十年代一些城市的中心区还有很多工厂。1985 年上海的工厂有 56.7%在中心城区，5 600 家工厂占据了 430 公顷土地，占中心城区用地的 30%，至 1990 年仅有 103 家工厂搬迁出中心城区（朱介鸣，2009）。1991 年南京旧城内约有 830 家工业企业，占地约 900.82 公顷（陈云，1996），致使南京旧城区用地结构不合理，工业用地比重大，限制了第三产业发展。1995 年广州的工厂超过 51%位于市中心和市区（田莉，2008）。城市土地国有最初的目的是为工业化提供方便，而当时划拨是企业获得土地最主要的方式，在相当长的时期里工业用地都是来自于划拨，直到 1988 年土地有偿使用制度建立这种情况才发生改变。而划拨土地在很长时间里仍然占主要比例，例如 1994 年深圳的划拨土地仍占土地总量的 82.5%（朱介鸣，2009）。

当时很多城市的总体规划确定了优化空间结构的目标，利用级差地租、开发利益分配激励国企单位搬迁从而推进旧城改造。在土地产权上，中国城市的第一次工业空间转型涉及的工业用地主要是划拨用地。国企在旧城改造中与地方政府谈判获得土地发展权。国企单位的划拨土地产权模糊，划拨用地的产权中并没有明确的包含土地发展权，土地发展权应该还是从属于土地所有权之中。但土地所有权是国家的，国企也是国家的，国企划拨用地是否拥有土地发展权成为一个模糊地带。在旧城改造、退二进三的时期，国企单位有很强的自主权和谈判能力来获取开发中的土地发展性收益。地方政府为了顺利推进旧城改造，往往只好授予或承认了国企单位土地发展权及很大一部分开发收益。

1990 年代，上海市中心区发生了第一次大规模的旧城改造。朱介鸣（2009）认为 1992 年上海的城市土地管理制度规定建成区土地出让后收益的 70%用于赔偿原用地单位、房屋拆毁和基础设施配套，对原用地单位产生了改造的激励；制度还将土地开发管理权从市政府下放到区政府，但是区政府难以过问市属企业和中央企业的土地使用权。这种制度安排将"土地开发权"暂时建立在土地使用权上并赋予国营企业用地单位，使建成区土地能够进入土地改造的市场。1990 年代上海市静安区近 300 个改造项目中 260 个是单位通过"土地开发权"而发起的改造。1996 年广州市政府为了推动市区工厂搬迁出台了一系列政策，参与工业用地再开发的开发商可以获得土地出让金 36%的折扣。开发商积极地投入到工业空间转型之中，如富力集团在广州开发的各类物业中，80%的用地来自于工业用地搬迁（田莉，2008）。1990 年到 1998 年，南京主城内工业"退二进三"中搬迁污染企业 141 家，用地约 3 平方千米，其中用于住房房地产建设和第三产业的用地占 73％以上（李欣路，2016）。

二、第二次工业空间转型

2000 年代的第二次工业空间转型是工业厂房改造创意产业园，其规模比第一次工业空间转型小得多，但 2005 年前后兴起的创意产业园热潮仍然席卷了全国。这次工业空间转型主要面对的仍然是国企划拨土地，也可以看做是划拨工业用地更新的余波。其特殊之处在于工业厂房改造创意产业园是非正式更新，一般不改变工业用地性质，而只是改变厂房建筑的用途，通过装修、装饰、重新划分空间等方法将厂房空间改造为创意产业空间。

文化创意产业的范畴非常广泛，其中不仅包括了图书、影视、动漫、广告、艺术设计等一般概念中的文创行业，也包括科技研发、建筑设计等模糊领域。而创意产业园的实际使用就更加宽泛，几乎每个创意产业园都有画廊、咖啡厅、酒吧、餐厅、书店、礼品店等商业消费空间。这些国企工厂经历了 1990 年代旧城改造还留能下来，说明其彻底搬迁改造的难度非常大，而其中利用率低或闲置的厂房往往被出租以寻求潜在利润。2002 年北京 798 厂开始出现艺术家租用厂房的情况。中央美院的雕塑家和画家需要租用便宜的厂房大空间，逐渐聚集成为艺术区。到了 2005 年左右，很多城市出现了创意产业园的探索。老厂房改造创意产业园一时间成为时尚。人们常常以为创意产业天然的喜欢聚集于老厂房空间，然而老厂房的"酷"是在创意产业园成为消费空间的时候才对消费人群发挥了吸引作用，在艺术家刚刚开始聚集、创意产业园形成之初，租金便宜才是核心因素；"酷"在当时只是副产品。老工厂低租金是由于老国企较早出现了土地低效使用、低利润甚至亏损但又不倒闭的情况。而同一时期开发区的工厂较少出现这样的情况，企业亏损就会倒闭退出、新厂进入，可以进行比较正常的市场调节。正是由于有亏而不倒的老国企工厂，才会有低价出租的厂房空间，才会有艺术家的聚集，从而形成创意产业聚集区。陈雨认为中国真正意义上的创意产业园几乎没有自上而下规划而成的，更多的是自下而上自发形成以后，得到的政府的认可，被冠名为创意产业园。北京 798 和伦敦 SOHO 区这样著名的创意产业园区，都是在社会最不注意的角落中成长起来的。最早聚集在这里的艺术家，不是因为它被纳入了政府的统一规划，反而是因为缺乏主流社会的关注（陈雨，2008）。

对于划拨土地改变用途，原有的制度要求符合一定范围的需要收回土地使用权并进行招拍挂[1]，到了 2008 年《国务院办公厅关于加快发展服务业若干政策措施的实施意见》改变为"划拨工业用地可以在不改变用地权属的情况下变更用途"。[2]地方政府纷纷颁布政策鼓励划拨工业用地发展文化创意产业。企业自发的实践获得了政府的合法认定，于是各地涌现出更多的创意产业园。在政策的支撑下，工业空间转创意产业空间大多是划拨土地的非正式更新。2008 年上海出台了一系列促进创意产业发展的政策和规划。这样的政策环境导致了这一时期上海的划拨工业用地往往以创意产业的形式进行非正式更新。通过对上海市虹口区的划拨工业用地更新进行研究，冯立等（2013）认为"划拨用地产权制度导致高昂的交易成本，阻碍了这些划拨工业用地的正式更新。越来越多的划拨工业用地采用了非正式更新的方式，在保持划拨用地产权属性的前提下，通过改建而不是重建的方式，进行从制造业到服务业的功能变更，从而规避从划拨用地变更为批租用地将会产生的高昂交易成本。"正是从不允许到允许的制度变化造就了创意产业园的繁荣和泛滥，非常多的创意产业园都是利用国有企业的厂房空间进行改造，从而改变用途实现了空间转型和产业升级。据统计，中国的创意产业园区从产权上看，69%的园区产权是国企，其中数量最多的泛长三角为 60%国企产权（向勇等，2012）。

三、第三次工业空间转型

2010 年代的第三次工业空间转型以开发区再开发为主，其中包括工业空间转科技研发空间。这一次与以往两次工业空间转型不同，面对的土地是出让的工业用地，又以协议出让的工业用地为主。

1988 年土地有偿使用制度建立以来，出让的居住用地由于住房的建设标准较高、使用年限长，普遍还未到再开发的时期。而工业企业的生命周期平均只有几年。工业用地出让期限内常常会多次易手、改扩建、拆除重建。厂房建筑远比住宅和公建更容易发生功能性更新。同样是改革开放以后建设的建筑物，可以预期大部分住宅和公建会留存至土地出让年限甚至更长时间，而同期很大比例的厂房会拆除重建。早期出让的工业用地存在粗放开发、低效利用，加上区位变化、产业转型升级、制

---

① 2006 年《招标拍卖挂牌出让国有土地使用权规范（试行）》：划拨土地使用权改变用途，《国有土地划拨决定书》或法律、法规、行政规定等明确应当收回土地使用权，实行招标拍卖挂牌出让的。

②《国务院办公厅关于加快发展服务业若干政策措施的实施意见》。

造业转移、企业生命周期短、厂房物质性老化等，到 2013 年前后，也就是 1984 年第一批开发区设立将近 30 年、1993 年第一波开发区热 20 年，有一批早期开发的工业用地到了再开发的阶段。按照这个时间可以粗略推测下一个开发区再开发的高峰期可能是第二波开发区热 20 年也就是开始于 2023 年左右。在 2006 年工业用地招拍挂制度之前，大部分工业用地都是协议出让，因此当前的开发区再开发所面对的主要是协议出让的工业用地。开发区的工业用地再开发中占比最多的类型是不改变土地用途的工改工，除此之外其他类型都属于工业空间转型。

目前对第三次工业空间转型最重要的制度供给是允许原土地使用权人改变用地性质，从土地产权的构成角度看，这一变化是围绕土地发展权进行的。对于出让土地改变用途，原有的制度要求收回土地使用权进行招拍挂。①2010 年相应政策改为，除了按合同和法律等必须收回土地使用权重新公开出让的，"经出让方和规划管理部门同意，原土地使用权人可以与市、县国土资源管理部门签订变更协议或重新签订出让合同，相应调整土地出让金"。②这对于广大地方政府是一种许可，解除了必须重新招拍挂的制度限制，允许协议出让、原企业与地方政府重订合同改变土地用途。于是一批地方政府出台了一系列的再开发政策鼓励原企业自己进行工业用地再开发。允许原企业改变土地用途是关于土地发展权的重要制度变化，仅仅用于划拨工业用地并限制为不改变用地性质，就产生了席卷全国的创意产业园热潮，现在广泛使用于出让工业用地而且允许改变用地性质，将会释放巨大的能量，发生天翻地覆的存量开发。

当前地方政府的再开发政策，往往是地方政府鼓励原企业进行符合产业导向的再开发，以协议出让的方式将土地发展权赋予原土地使用权人，从而规避招拍挂方式失去土地的风险、提供对原企业的激励。原土地使用权人改变土地用途和强度，在符合城市规划的前提下，需要补交土地出让金、重订土地出让合同、改变合同中的土地用途条件。正如诺斯（2014）所言，制度界定并限制了人们的选择集合，制度有时禁止人们从事某种活动，有时则界定在什么样的条件下某些人可以被允许从事某种活动。中国原有的城市土地产权制度禁止土地使用权人改变用途，而现在地方政府的工业用地再开发政策改变了制度，允许土地使用权人改变土地用途，还界

---

① 2006 年《招标拍卖挂牌出让国有土地使用权规范（试行）》：出让土地使用权改变用途，《国有土地使用权出让合同》约定或法律、法规、行政规定等明确应当收回土地使用权，实行招标拍卖挂牌出让的。

② 2010 年《国土资源部办公厅关于出让土地改变用途有关问题的复函》。

定在什么条件下哪些权利主体可以进行再开发活动。

四、三次工业空间转型的产权与政策差别

三次工业空间转型存在产权制度的差别,前两次为划拨工业用地的转型,第三次主要是协议出让工业用地的转型。协议出让工业用地的大规模出现比划拨工业用地晚几十年,其再开发也比划拨工业用地的再开发晚了大约二十年。回顾三次工业空间转型,可以发现这些土地最初获取时的产权类型仿佛像是遗传基因一样,到了工业空间转型时导致了种种彼此不同的特殊表现。前两次工业空间转型中,划拨工业用地都通过政策和谈判获得了特殊的土地发展权。第一次工业空间转型,国企用强大的谈判能力和模糊的产权获得土地发展性收益,与之相反,当前开发区的工转居几乎不可能由原工厂进行住宅开发并获得土地发展性收益。第二次工业空间转型,划拨工业用地获得的土地发展权的特殊性在于允许不改变用地性质只改变建筑用途,产生了合法的创意产业办公楼长期存在于工业用地里的奇特现象,反映在城市规划的用地现状图上则是直观的冲突:现实中两个用途相似的办公楼群,而在图纸上一块地是红色的商业办公用地,一块地是棕色的工业用地。第三次工业空间转型中,协议出让的工业用地又重新以协议出让的方式获得土地发展权,然而2007年后工业用地协议出让方式就已经被制度废止,经营性用地更是早就必须招拍挂,如今协议出让的方式又重新启用。协议出让曾经造成大量工业土地低效利用等问题。将协议出让重新复活来处理原企业再开发可能会重复以前的问题。产生低效科技研发用地、低效办公用地等新时期的"老问题"。正如华生(2014)所言,"这种普遍的暗箱操作和腐败混乱正是当年痛下决心,废止协议购地、实行土地公开招、拍、挂的主要原因。今天在土地价格已经暴涨这么多倍、土地利益巨大的情况下,如果重返开发商八仙过海、各显神通的协议拿地模式,其中的黑箱和寻租自不待言"。

当前工转研现象的兴起和以前创意产业园的热潮,是土地产权制度在工业空间转型上的不同反映。工业空间转向创意产业园或科技研发空间,表象的差异是转型后的空间用途不同,以及两种空间转型兴起的时间先后不同,而背后的制度根源是划拨土地和出让土地的产权差异,是工业用地更新政策的尺度差异,也是土地发展权授权程度的差异。在存量开发时两类产权的工业用地面临不同的制度障碍,需要进行不同程度的制度松绑。转创意产业是制度供给有限的非正式更新,没有合乎原有法规的用地名分,而转科技研发已经有了专门的政策和地类,是制度供给更有力

的正式更新。以前有一些科技公司以自身的创意属性进入创意产业园、享受优惠政策，今后则会有更多的文化创意公司强调自身的科技属性，进入科技研发空间。

在非正式更新的创意产业园盛行的时期，市区的国企老工厂是主角，到了正式更新的工转研盛行的时期，开发区将会占据舞台。在产权和交易成本方面，开发区工业用地更利于工转研。市区老工厂与开发区的工业用地，表面上是区位差异、年代差异，本质上是产权差异。市区老工厂多为国有企业划拨用地、产权模糊，开发区多为合资、外资、私营企业，是协议出让或者招拍挂出让用地、产权清晰。从国家层面的创新驱动战略，到地方政府推出的促进产业升级和科技研发用地的地方政策，都表明当前的工业用地更新政策进入了鼓励"工转研"的阶段。发生在市区的工转研虽然可以更便利地使用城市设施，对中小企业、创业企业有吸引力，但老国企依然存在产权模糊、决策困难、交易成本高的问题。开发区的工转研邻近生产企业和大学新校区，对于生产性服务业、与生产密切的研发、需要利用大学实验室等设施的研发有吸引力，开发区土地产权清晰进行市场交易更为顺畅。由此可见未来一个时期在珠三角、长三角大城市工业用地更新中开发区成为主要部分，其中工转研也将会越来越以开发区为主。

从历史发展演变脉络上看现象，工业空间转型的历史背后是政策层级制度变迁的历史。无论是一个城市的工业空间转型的过程还是当前的工转研，都具有阶段性的政策变化。当前的开发区工转研现象，即是在开发区的建立和发展中演变而来，也是在城市土地产权制度和土地市场制度的制度变迁中演变而来。制度规范工业空间转型，空间转型遵循政策规定的方式和限制的条件，制度允许什么、要求什么、放宽什么、推动什么，空间转型就会发生什么。其中有些项目也会异化，一部分工业空间转研发实际上成了转办公。研发空间可售变成科技地产开发，也有可能冲击原有的办公用房市场。这些不同制度下的空间产品将会在一个时期里多样化共存，通过多重双轨制逐渐消化。

第二节　地方政策对开发区工业空间转科技研发空间的导控

在工转研的地方实践中，对应前文所述的三种工转研模式存在三种典型的制度安排。企业主动型的制度安排，政府用原有的制度处理企业自发的工转研项目；政府主动型的制度安排，可通过政策和规划积极干预推动原工业企业再开发；双向互动型的制度安排，可出台政策和城市更新单元规划作为制度框架，具体项目依靠市场配置、由单元内企业协商决定。本节归纳地方政府的工转研政策的基本框架，并以双向互动型的典型城市深圳为例诠释地方政策框架及其对空间的影响。

一、工转研相关政策的基本框架

中国的存量开发中，地方政府每一次推出新的再开发政策都围绕土地发展权及其交易方式和对象进行调整，也就是说政策变革要处理的核心问题是产权界定和市场交易。最初的政策往往市场反应平淡，经过多轮博弈，直至市场积极反应、交易能够广泛达成。这时的政策是政府和企业都能接受的、能提高企业再开发积极性的、能够实现潜在利润的制度安排。多轮政策变化的过程就是制度变迁。工转研遵循工业用地再开发的一般性政策，比其他类型的工业用地再开发的政策差异主要体现在鼓励性政策条款和限制条件两方面。针对科技研发的鼓励性政策一般是地价优惠、简化程序等，而在限制条件方面就显得非常特别，例如有些城市限制销售对象必须为科技企业、限制可销售科技研发建筑面积的比例、要求不能预售。各城市在设置限制条件方面的具体政策条款根据本地实际情况和市场情况有所不同，但其目的是一样的，设置这些针对性的限制条件的根本目的是保障工转研项目不要变成纯粹的地产开发项目。

通过对多个城市工转研相关政策的梳理，可以归纳出一个基本的政策框架。政策主要条款有五个方面：前提条件、土地发展权、限制条件、地价及分配、市场交易。这些政策条款实现了制度的功能（图5-1）。有些条款通过土地合同实现制度功能，也有些条款没有写入合同但直接影响工转研项目。"前提条件"和"限制条件"发挥了约定项目的功能。"前提条件"一般要求再开发项目必须符合城市规划和产业导向等。有些城市的政策还会划定再开发的空间范围，"限制条件"规定工转研项目可以销售的比例、销售对象必须为科技企业、能否预售等。"土地发展权"以新的土地使用权来代替，允许原土地使用权人再开发并规定科技研发用途、强度、年期，实现产权界定的功能。"地价及分配"方面的条款规定地价的确定方式和对转科技研发的优惠。有些城市政策还明确各级政府、开发区之间的分配比例，实现了利益分配的功能。"市场交易"方面的政策条款确定了工转研项目可以采取协议出让的交易方式，有些城市的政策允许市场主体参与再开发从而有限度地局部开放土地二级市场，实现市场交易的功能。在"交易成本"方面，建立明确的规则有利于降低交易成本，有些政策变革能够降低获取信息、沟通协商所花费的时间和金钱等交易成本。例如建立再开发工业用地供需服务平台就能够降低供需双方找到对方的交易成本，又如简化环节的政策也能够降低交易成本。土地价格优惠、允许协议出让等降低了土地成本、提供了经济激励，政策鼓励、简化流程等降低了交易成本。两者的降低都使得一些企业在当前的地方政策下倾向于工转研。

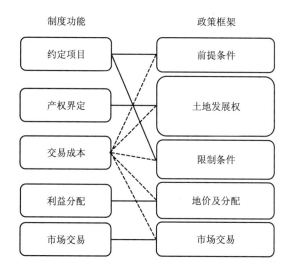

图 5-1　政策层级的制度变迁实现制度功能

在原有制度不支持原企业改变土地用途的时候，还是有一些企业能够经过努力而曲折的运作实现再开发，但其交易成本很高，如向政府申请、游说官员、一事一议的方式上政府的办公会、完整的走招拍挂流程并与政府约定好进行定向挂牌等。企业单独运作整个过程所需要的信息成本、沟通成本、时间成本、人力成本都比较高，因此这样的再开发只能零散出现而不会大规模地发生。在制度不支持社会资本参与再开发的时候，开发商也可以通过收购工厂的方式获得土地。开发商先帮助工厂策划、申请和获取转型项目，然后再进行企业兼并收购，从而实现获得土地发展权和完成土地使用权交易两件事。企业兼并收购这种操作方式交易成本也比较高，只有在特定情况下才有利可图，因而不能成为大量发生的再开发方式。由此可见，降低交易成本有利于市场交易更加顺畅地进行。

二、以深圳为例诠释地方政策框架

（一）2009 年以前的工转研：企业自发

深圳最早开始土地有偿使用的实践，最早建设外向型的出口加工工业区并出让工业用地，也最早出现新产业空间的更新。1992～2003 年深圳特区内工业空间面积逐渐减少，自发出现工业空间转变为商业、办公、娱乐、居住等的空间转型，早期住房开发比较多。2000 年前后就已经出现了工业空间转为科技研发空间和办公空间的项目，2004 年以后工业空间转变为研发、创意、设计、办公等创新型产业空间不断增多。福田区作为新的城市中心有大量集中的工业空间转为办公和商业用地；南山区被定位为高新技术发展片区，工业空间转型具有明显的高新技术企业和总部经济特征，集中在高科技产业园、南油、蛇口等老工业区（严若谷，2016）。当时的深圳总体规划中的城市更新专题写道"2005 年底深圳市工业用地规模约为 256km^2，未来可能涉及更新改造规模约为 226km^2"。[①]

深圳的存量工业空间相对于其他城市更加复杂，土地产权制度和市场制度造成了深圳存在三种存量工业空间：行政划拨产生的计划延续型旧工业空间、国有土地市场化开发产生的产权分散工业空间、集体用地自筹自建产生的集体产权工业空间（严若谷，2016）。2007 年深圳市出台第一份关于旧工业区升级改造的文件[②]，提出"特区内工业园区定位以研发、创意设计型都市产业和先进制造业营运总部基地为主"。2008 年颁布了《深圳市工业楼宇转让暂行办法》，对符合条件的工业楼可以分割转让，但转让的条件严格，转让比例不超过 50%，一半需要自行经营运作，对开发商的资金实力、管理能力等都有很高的要求。有研究认为这一时期市场对旧工业区升级改造的积极性不高（王海燕，2011）。

（二）2009～2012 年工转研基本政策框架

2009 年《深圳国家创新型城市总体规划实施方案》将"推进城市更新改造，拓展城市发展空间"作为创新型城市建设的主要工作之一，城市更新政策与创新政策结合起来。2009 年《深圳市城市更新办法》将旧村、旧城、旧商业区和旧工业区的改造称为"城市更新"，更新办法允许原企业实施更新项目。2012 年《深圳市城市

---

① 2008 年《深圳市城市总体规划（2007～2020）》城市更新专题。

② 《深圳市人民政府关于工业区升级改造的若干意见》。

更新办法实施细则》允许市场主体单独实施城市更新项目。深圳的城市更新办法确定了基本的工转研政策框架，实施细则进一步完善了这一政策框架。这期间深圳并没有推出专门的工转研政策。城市更新往往将工转研作为旧工业区转型升级的一部分。工转研在一部分政策条款中有所表述并给予一定优惠和限制，其他方面都遵循深圳城市更新的政策（表 5–1）。

表 5–1　深圳市工转研相关政策

年份	政策名称
2009	深圳国家创新型城市总体规划实施方案
2009	深圳市城市更新办法
2010	深圳城市更新单元规划编制技术规定（试行）
2012	深圳市城市更新办法实施细则
2013	深圳市城市规划标准与准则（深标）
2013	深圳市人民政府关于优化空间资源配置促进产业转型升级的意见
2013	深圳市完善产业用地供应机制拓展产业用地空间办法（试行）
2013	深圳市创新型产业用房管理办法的通知（试行）
2013	深圳市工业楼宇转让管理办法（试行）
2013	《深圳市工业楼宇转让管理办法（试行）》实施细则
2013	深圳市宗地地价测算规则（试行）

深圳的政策变化集中在前提条件、土地发展权、限制条件、地价及分配、市场交易五个方面（图 5–2）。与其他城市相比深圳在制度改革探索上开始更早、力度更大。深圳迅速形成了政府与企业双向互动的工转研模式，一方面在于深圳的创新创业的氛围强烈、企业对于科技研发空间的需求旺盛；另一方面在于深圳政府采取的政策更倾向于依靠市场配置空间资源。

在前提条件方面，城市更新项目需要符合城市更新单元规划。一个更新单元内的权利主体自行协商，达到规定的比例可以申请进行更新，列入年度城市更新单元计划，然后编制城市更新单元规划。深圳的城市更新单元计划中拟更新方向为创新型产业或研发的更新单元（也就是工转研的更新单元），占年度城市更新单元计划的比例较高，例如 2014 年占比达到三分之一。

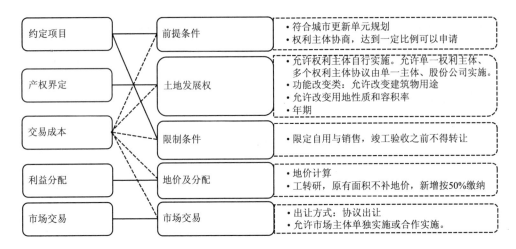

图 5-2 深圳的工转研基本政策框架

在土地发展权方面的政策规定包括：允许权利主体自行实施，允许单一权利主体、多个权利主体协议由单一主体、股份公司实施，允许改变建筑物用途，允许改变用地性质和容积率，以及确定土地使用权年期等。这些规定实现了对于更新项目的土地发展权的产权界定。城市更新分为综合整治、功能改变、拆除重建三类。功能改变类更新项目允许改变建筑物用途，拆除重建类城市更新项目按照城市更新单元规划、城市更新年度计划的规定实施。2009年《深圳市城市更新办法》允许的城市更新操作方式有四种：（1）政府收回；（2）政府收购或更新单元内的土地使用权人申请收购；（3）单一权利主体实施；（4）多个权利主体通过协议明确权利义务后由单一主体实施，或以房地产作价入股成立公司实施。这些操作方式表明只有政府和更新单元内的权利主体才能获得土地发展权并实施城市更新。

在限制条件方面，政策限定自用与销售的条件和比例，竣工验收之前不得转让。拆除重建类的工业区升级改造项目部分限定自用，建成后其建筑物需要转让的，适用市政府工业楼宇转让的有关规定。限定条件的政策规定实现了约定项目的功能，有些将会体现在新的土地合同之中。

在地价及分配方面，功能改变类和拆除重建类都需要补缴地价。[①]拆除重建类的工业区升级改造为工业用途或鼓励发展产业的，原有合法建筑面积不补缴地价，增

---

① 拆除重建类的工业区升级改造为住宅、办公、商业等经营性用途的，原有合法建筑面积按改造后的功能和土地使用权使用期限以基准地价计算应缴纳的地价，扣减原土地用途及剩余期限以基准地价标准计算的地价；增加建筑面积部分，按改造后的功能和土地使用权使用期限以市场评估地价标准计算应缴纳的地价。

加的建筑面积按基准地价的 50%缴纳。这一政策规定包含了对工业用地转型发展科技研发的地价优惠，研发用地的公告基准地价按照工业和办公公告基准地价的平均值测算。对于厂房建筑等的拆迁补偿，权利人自行拆除、清理地上建筑物、构筑物及附着物等，政府不做补偿。这些政策规定实现了利益分配的功能，地价及其优惠、拆迁补偿等都是利益分配的组成部分。

在市场交易方面的政策规定包括：出让方式是协议出让；允许市场主体单独实施或合作实施。功能改变类和拆除重建类都需签订土地使用权出让合同补充协议或补签土地使用权出让合同，即协议出让的方式。2012 年《深圳市城市更新办法实施细则》拆除重建类项目的实施方式有四种：（1）权利主体自行实施（包括单一权利主体，多个权利主体将房地产权益转移到其中一个权利主体）；（2）市场主体单独实施（权利主体将房地产权益转移到非原权利主体的单一市场主体）；（3）合作实施（城中村改造中村集体与单一市场主体合作）；（4）政府组织实施（政府公开确定实施主体，或政府城市更新实施机构直接实施）。深圳 2012 年的政策与 2009 年的重要差别是增加了市场主体实施的方式，这是一种有限度的市场化改革的探索。

通过上述剖析可见，深圳的工转研相关政策是以城市更新办法和实施细则为主的一系列政策，分布于五个方面（前提条件、土地发展权、限制条件、地价及分配、市场交易）的政策要点构建起了深圳的工转研基本政策框架。这五个方面的政策变化实现了制度的五个功能（产权界定、市场交易、交易成本、约定项目、利益分配）。深圳虽然在城市更新方面的探索早于国内大多数城市，但在土地发展权的界定、市场交易等方面仍然明显地受到原有国家法律层面的制度局限。

（三）2013 年后的工转研相关政策变化：从地到房、市场化

2013 年之后深圳出台一系列与工转研相关的新政策。作为制度改革的纲领性文件，2013 年《深圳市人民政府关于优化空间资源配置促进产业转型升级的意见》提出：建立以空间二次开发保障产业可持续发展的新模式；通过创新产业用地分类、鼓励土地混合使用、规范土地的弹性引导与量化控制等措施，满足重点产业发展需求，提高产业项目规划审批效率。

深圳一系列新政策最明显的转变是：空间资源供给模式为"房地并举""从地到房"。深圳政府率先将空间资源的关注点从产业用地转向了产业用房，这是面对土地资源紧缺进行的积极应对，也是在土地制度改革困难的限制下灵活务实地进行空间资源供给的制度探索。新政策提出：建立"以房招商、以房养商、以房稳商"新机制；挖掘存量用地潜力，鼓励项目企业和土地使用权权属企业合作；支持土地混合开发利用，鼓励发展产业综合体；支持旧工业区升级改造建设创新型产业用房，落实城市更新项目按一定比例配建创新型产业用房规定；对已出让的产业用地，鼓励提高容积率并按一定比例配建创新型产业用房。①创新型产业用房是指根据创新型企业的发展需求，建设或配建、筹集（含租购）并按政策出租或出售的生产、研发、运营及其他配套设施的政策性产业用房。②

创新型产业用房的新政策是针对工转研的突出变化，体现了深圳工转研政策从产业用地向产业用房的转变，标志着深圳的工转研进入了一个新的阶段。创新型产业用房类似于住宅中的保障性住房，主要为需要扶持的新兴产业和企业提供优惠的产业用房。政策优惠主要体现在租、售的价格明显比市场价格要低。深圳计划"十二五"期末建成 600 万平方米的创新型产业用房。

深圳新政策第二个明显的变化是市场化，对产业用地、创新型产业用房、工业楼宇③等都大力推进市场化配置。土地房产交易机构搭建专门的产业用地供需服务平台，负责产业用地供应信息公开、需求信息收集及信息共享等④；建立全市统一、公开、常设性的企业空间供需服务平台，实现企业需求与空间资源供应信息的高效链接；培育创新型产业用房市场，允许以"限销售对象、限销售价格、限二次转让周期"的方式向市场流通创新型产业用房。⑤新政策推进工业楼宇市场化运作，扩大工业楼宇转让范围和转让方式、完善转让条件、规范分割情形等规定，提高工业楼宇利用效率，解决企业尤其是中小企业的工业楼宇使用需求。⑥工业楼宇可以从事研发活动并允许分割转让，城市更新项目重建的工业楼宇可进行预售⑦，关于工业楼宇的政策将以往的非正式更新的工转研项目（利用工业建筑改造科技研发建筑）正式化、合法化、市场化。上述一系列新政策进行了更深一步的市场化探索，降低了工转研的交易成本，使得产业用地、创新型产业用房和工业楼宇的市场交易更加容易实现。

---

① 2013 年《深圳市人民政府关于优化空间资源配置促进产业转型升级的意见》。

② 2013 年《深圳市创新型产业用房管理办法的通知（试行）》。

③ 工业楼宇，是指在工业用地上兴建的用于工业生产（含研发）用途的建筑物、构筑物及其附着物。政策放宽了工业楼宇分割转让的条件，例如租用工业楼宇从事生产、研发活动满 5 年的企业，需购买工业楼宇的，已租用部分的工业楼宇可以分割转让；城市更新项目改造后形成的工业楼宇可分割转让。2013《深圳市工业楼宇转让管理办法（试行）》。

④ 2013 年《深圳市完善产业用地供应机制拓展产业用地空间办法（试行）》。

⑤ 2013 年《深圳市人民政府关于优化空间资源配置促进产业转型升级的意见》。

⑥ 同上。

⑦ 2013 年《深圳市工业楼宇转让管理办法（试行）》实施细则。

2016 年深圳城市更新工作全面提速，修订了《深圳市城市更新办法》，主要有两方面的政策变化：其一是对接"强区放权"，城市更新管理和审批权力下沉；其二是简化地价体系，地价计收在同年颁布的新版《关于加强和改进城市更新实施工作的暂行措施》（"38 号文件"）中具体规定（唐燕等，2019）。

第三节　地方政策对空间的直接影响

一、地方政策决定工转研规划的空间尺度

三种工转研模式下不同的政策对工转研规划的规模产生了影响，也就是决定了工转研规划的空间尺度。

苏州用原有的制度体系处理工转研项目，并没有出台专门的鼓励政策。而在原有制度体系下，苏州工业园的南北工业区规划面积规模比较大（接近 600 公顷），不仅覆盖了有条件更新、政府希望转型升级的地块，也覆盖了很多生产状况很好、没有更新迫切性的地块。规划本身的意图是分期的大尺度空间转型。近、中、远期分别有大范围的连绵成片的工转研项目。在实际的项目实施中，少量具备条件的地块由企业自发主动更新，呈现出比较小的地块尺度，例如腾飞新苏工业坊面积为 10 公顷。已经实施的更新地块在空间分布上呈现零星的斑块状，而非连绵的片状或带状。

南京的政策积极鼓励成片区的工转研，以符合城市规划为前提条件。区政府和园区采用城市设计和控规等规划来促进片区再开发。因此，南京的工转研规划的面积规模往往比较大，如江宁高新园的《江宁天元路以南片区城市设计》面积 218 公顷、江宁开发区试点区域的规划面积约为 200 公顷、《马群科技园城市设计》的面积 248 公顷。区政府和园区主动进行更新规划更注重片区的整体更新，规划中往往对地块边界进行一定程度的调整和重新划分，为公共绿地、道路拓宽、港湾式车站、公共设施等留出土地。其实施是建立在片区内大部分企业陆续进行工转研的预期之上的。再开发片区面积大、整体性强，虽然也是以地块为基础、由企业决定是否再开发，但牵一发而动全身，涉及公共空间的地块如果不能实施将会严重影响整体效果。

在深圳的双向互动型模式下，政策建立框架、市场进行配置，出现了两种空间尺度的规划探索：普遍规模较小的城市更新单元规划和规模较大的城市发展单元规

划。前者是企业根据实际情况进行工转研的现实反映，后者体现了政府对少数城市更新单元密集的片区进行大范围整体引导的意图。

在深圳公布的城市更新计划中，绝大部分更新单元是由单一公司申报的。深圳的政策（单一公司收集产权）决定了更新单元倾向于可实施性。大部分单元规模较小，多为覆盖 1~2 个地块、面积小于 10 公顷。更新单元在空间分布上呈现斑块形态，而非大面积成片更新。深圳各区政府筛选辖区内需要进行城市更新的项目，提出城市更新单元规划的制定计划和已具备实施条件的项目，向市规划国土主管部门申报纳入城市更新年度计划。深圳市规划和国土资源委员会每年发布若干批次的城市更新单元计划，主要包括更新单元名称、申报主体、用地面积、拟更新方向。深圳的工转研实践在深圳城市更新政策为主的政策框架下进行，是城市更新实践的一个组成部分。2014 年深圳市公布 5 批城市更新单元计划，列入了 65 个更新单元，其中拟更新方向包含新型产业或研发的有 23 个，占比超过三分之一。这 23 个更新单元普遍面积规模较小（图 5–3），有 21 个单元面积小于 12 公顷，其中 10 个面积不足 3 公顷。例如华为电气加工厂城市更新单元是典型规模的单元，单元内两个地块面积合计 10.6 公顷（图 5–4）。

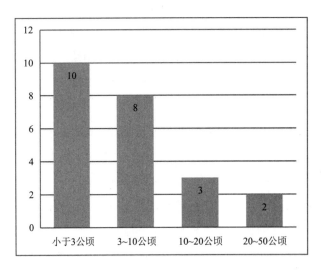

图 5–3　2014 年深圳市拟更新方向包含新型产业或研发的单元面积规模

资料来源：根据深圳市规划和国土资源委员会公示材料进行统计绘制。

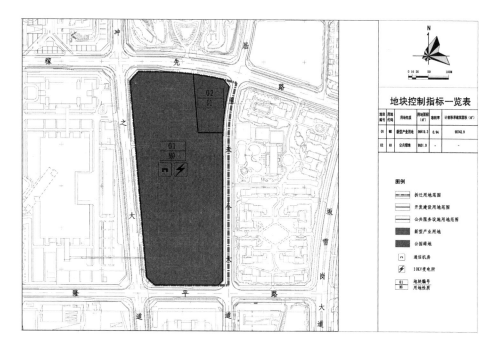

图 5-4　龙岗区坂田街道华为电气加工厂城市更新单元规划

资料来源：深圳市规划和国土资源委员会公示。

2011 年深圳出现了一种新的城市规划探索——城市发展单元规划。"城市发展单元规划主要针对城市更新单元密集的多个法定图则片区进行统筹。城市更新单元规划是城市发展单元规划的组成部分。"（罗彦等，2013）城市发展单元规划一般面积规模较大（300～500 公顷）。深圳市第一批城市发展单元包括光明新区平板显示产业园，面积 579 公顷；光明广深港客运站周边地区，面积 259 公顷；光明中心区，面积 799 公顷。城市发展单元规划可以针对城市更新单元密集成片的片区，在比较大的空间尺度上统筹考虑片区整体的空间结构、功能布局、空间形态关系。

二、政策影响工转研项目的空间形象特质

在城市更新政策、低效用地再开发政策的影响下，以新型产业名义出现的工转研项目在空间形象上表现为功能性和科技性（例如深圳车公庙工业区）。这些科技研发办公区的空间特质以朴实的办公功能属性为主，点缀一些展现科技性的元素。如果是旧厂房改造为科技研发建筑，则往往呈现更加朴素的空间形象，而采用拆除重建方式的科技研发建筑，一般会呈现为更具时代气息的现代办公楼的形象（图 5-5）。

图 5-5 深圳车公庙工业区旧厂房改造与新建两种科技研发空间形象

　　在文化创意产业政策扶植下出现的创意产业园（例如深圳的南海意库）与工转研项目的空间特质不同，在对工厂建筑进行改造中常常运用富有设计感的建筑外墙装饰、景观小品、招牌等表现出强烈的艺术气息（图 5-6）。这两类项目的空间形象差异不只是在规划设计、建筑设计、装饰装修等阶段形成的，其所依托的不同类型政策在源头上就已经决定了项目的空间特质追求。

图 5-6 南海意库的空间形象

三、一些政策条款直接影响工转研项目的空间设计

　　有一些政策条款甚至会直接塑造空间、影响空间设计，例如南京政策规定的工

转研项目企业自持 50% 的建筑面积、可以销售另外的 50%。这为企业建立了一个简单的空间划分模型，规划布局和建筑设计都受到直接影响。与此类似的政策是上海相关政策规定的企业自持面积比例是 70%。

南京的名家科技大厦建筑设计方案是"制度型塑空间"的直接诠释。由于政策规定工转研最多 50% 建筑面积可售，再加上合作开发、利益分享，塑造了严格对称、均分、分隔的建筑空间布局。立面对称的建筑非常普遍，但该建筑在正立面中间并置两个主入口的方式并不常见。一般平面对称的建筑方案是虚轴对称、中间有一个公共活动的大厅，而该建筑是实轴对称、平面正中一道隔墙将建筑分隔成两个完全对称和独立的部分。对称布置的空间包括一楼两个大厅、两套交通核、两个小宴会厅和厨房、二楼的两个大宴会厅以及两栋塔楼每层的办公空间（图 5-7）。从一层到三层的中央隔墙把一个建筑分成了两个建筑，或者可以说是两个建筑拼在一起共用了一堵墙（图 5-8）。在建筑面积 50% 可售的制度安排下可以有多种多样的建筑设计可能性，如平面非对称但分成两部分、分开的两座建筑或多个建筑、一座高层办公楼垂直分配等。但在新政策影响建筑设计的初期阶段，企业希望采用最简单明确的解决方案，政策影响很可能直接而明显地反映在建筑空间上。

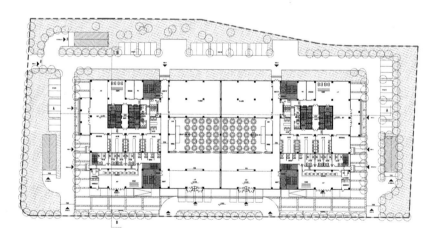

图 5-7　名家科技大厦建筑设计方案一层平面图

资料来源：南京大学建筑规划设计研究院绘制。

图 5-8　名家科技大厦建筑设计方案剖面图

资料来源：南京大学建筑规划设计研究院绘制。

小　　结

本章分析了三次工业空间转型中的产权差异和政策供给，归纳了工转研相关政策的基本框架，以深圳为例阐释地方政策对工转研的导控以及政策对空间的影响。正如列斐伏尔所言"空间就是社会"。空间转型的表现是制度变迁的反映。三次工业空间转型的表现，是工业用地再开发政策的反映，更是土地产权制度和市场制度的反映。工转研的制度安排从属于存量开发，与其他工业空间转型类型相比有少量特殊政策优惠和限制性条件。对政策层级的制度变迁研究表明，影响工转研的政策以及变化的要点集中在前提条件、土地发展权、限制条件、地价及分配、市场交易五个方面。这些方面政策变化实现了制度的五功能。在当前的工转研的制度层级中，地方政策发挥了比法律和规划更重要的作用，地方政策框架构成了当前导控工转研的制度框架的主体部分。然而以政策代替法律并非长久之计。地方政策实践是结合当地实际情况的探索，但对于存量开发这样漫长的历史时期，长期有效的制度必然需要将地方政策提炼、上升为法律条款，融入或修改原有的法律法规，进而以稳定的法律作为基本规则来管理和支持存量开发活动。在地方政策中往往嵌套了一个前提条件即符合城市规划，而事实上除此之外规划发挥了更多的作用。城市对土地用途的管控普遍采用的是"土地发展权+城市规划"双重管控的方式，因此有必要从规划层级来研究制度变迁和工业空间转型的关系。

第六章 规划层级的制度变迁与开发区工业空间转科技研发空间

在影响工业空间转型的制度层级中，规划在法律和政策之下，对合约进行引导和支持。工业空间转型中发挥作用的规划主要是片区层面的控制性详细规划、城市设计或城市更新单元规划。本章回到城乡规划学科，聚焦于工转研的相关规划即存量规划，讨论制度变迁对城市规划的影响、规划对工转研的导控，以及规划应该如何变革的问题。

第一节 制度变迁中的城市规划

一、规划转型：从增量规划到存量规划

中国的城市规划正在经历一个大转型，甚至可以视为改革开放 40 年来第二次真正意义的转型。城市规划的第一次转型，发生在中国经济体制从计划经济转向社会主义市场经济的过程中，伴随着城市土地使用从计划性的划拨转变为市场化的有偿出让。中国逐渐发展建立了以"总规—控规"和"一书两证"为代表的适应土地市场化开发的城市规划编制和管理体系。其中最核心的、对城市土地开发管理发挥了普遍作用的控制性详细规划，是在土地使用权从土地所有权分离出来、土地使用权可以有偿出让转让的重大土地产权制度改革背景下，为了适应市场需要并借鉴美国区划而产生和发展起来的。此后的一系列规划发展和探索包括概念规划、战略规划、城市更新、城市设计、法定图则等，都是不断的补充、丰富、改进这一体系，可以说是一定程度的变革和进步，但以历史的眼光来看并不是根本性的大转型。城市规划的第二次转型，必然发生在国家层面的改革进程、土地资源条件、法律和政策环

境等发生较大变化的时期，对全国的土地开发和城市发展产生重大影响的时期，因为这时才会需要和迫使城市规划进行大的转型。经过了 30 多年快速扩张的城市化发展阶段，土地资源约束日益严峻，以往增量扩张的城市发展模式已经难以为继。很多城市已经开始向存量优化的发展模式转型，深圳、上海、无锡、昆山等城市纷纷跨过了存量开发超过了增量开发的历史性节点。与此同时，以物权法为代表的保障产权的法律环境逐渐形成。存量开发要求土地产权制度和土地市场制度改革进入新的阶段。相应地城市规划也开始从增量规划向存量规划转型，总规不再追逐建设用地指标和高估人口规模，控规难以适应存量开发的新形势、新需要、新问题，亟待改革。中国的城市规划在深圳、上海、北京等一线城市陆续进入存量规划为主的时期，东南沿海很多大城市也进入存量规划与增量规划并重的时期，而且在可以预见的将来存量规划的比例和重要性将会继续提高。涉及开发区工转研的规划有多种类型，城市更新规划、旧工业区改造规划、退二进三规划等，以及传统名称的控制性详细规划和城市设计，都可以纳入存量规划的范畴。存量规划的核心是产权、交易成本、制度设计。规划转型重点围绕这些方面进行理论与实践探索。

二、土地产权制度和土地市场制度对规划的影响

新制度经济学被引入到中国城市规划领域之后，规划师开始从制度的视角重新审视和反思城市规划。很多规划学者认识到以往的规划忽略了制度因素，特别是关于产权和交易成本的制度，造成了规划方案在现实中常常难以实施的状况。正如赵燕菁所言，"几乎所有的规划师都遇到过这样的苦恼，在技术上非常合理的规划构想在实践中往往行不通。反复的挫折说明，在现实世界中，一定有一个普遍存在的因素，在规划中被忽略了。这个因素就是制度"。什么样的制度安排会带来什么样的空间转型。规划师需要理解空间转型背后的运行机理，理解不同制度安排之间的差异以及对规划的影响。城市规划具有双重属性，作为公共政策即政策的一部分，又在政策影响之下编制技术文件，规划师要将存量规划放在制度框架之中考量它的作用和变革。

中国的土地制度分为土地产权制度、土地市场制度和土地管理制度三大类。其中土地管理制度主要包括规划管理制度和税收管理制度。规划管理制度又包括土地利用总体规划、城市规划、土地开发供应计划等（陈鹏，2009）。在土地产权制度、土地市场制度和城市规划的关系中，土地产权制度和土地市场制度占主导地位，城

市规划往往受到前两种制度变迁的影响而变化。改革开放以来的土地产权制度和土地市场制度的变迁，使土地产权从初始界定的国有变成私有，使土地交易能够实现并变得便利，土地转移到有效率使用者手中，从而提高社会总价值。城市规划在土地制度变化的影响下产生和发展了控规，顺应了市场需要，发挥了降低交易成本的作用。增量规划往往可以不考虑产权变更，而存量规划不得不考虑产权。根据新制度经济学的理论，达成一个交易需要交易成本，产权变更需要付出交易成本才能发生。在土地国有、政府主导等条件下，增量开发时期形成了一种惯性思维，即统一规划、统一开发，然而这种思维在存量开发时期有很大的不适应性。在旧城更新中面对居住用地的分散产权和共有产权，城市更新改造规划举步维艰。过去的老工业用地更新往往是大型国企的更新，其产权问题由政府考虑。现在的开发区再开发中，规划面对分散的企业产权与旧城更新更为相似。

各国对于城市土地用途的管制虽然采用了不同的方式，但都主要涉及土地发展权和城市规划两个方面，可以用"土地发展权+城市规划"的格式加以比较。美国的城市土地依靠城市规划（主要是区划）进行用途管制。私人土地已经拥有土地发展权但仍然需要符合规划才能开发。政府出于保护目的对一部分地区土地收购了土地发展权。发展权转移仅是开发强度的转移（容积率）并且限制在发送区和接受区之间。英国采用的是土地发展权与城市规划双重管制的方式。私人土地需要向政府购买土地发展权，还需要符合城市规划。中国采用土地管理和城市规划管理双重管制的方式，再开发项目需要符合城市规划，并向土地管理部门获取土地发展权，其方式是通过重签出让合同获得附带新条件的土地使用权。城市土地用途改变都需要符合城市规划，如果规划落后了就需要修编或变更规划，但再开发项目还是要符合规划。

存量规划确定了转型片区并将工业用地改为研发等其他用地，再开发就会顺理成章地自然发生么？现实中不一定发生。对于土地用途转变而言，符合城市规划只是一个前提条件，还有很多其他条件。存量规划进行的用地性质改变并没有解决再开发动力的问题。规划本身并不是动力，再开发需要发挥市场的动力（包括原企业的动力和社会资本的动力）。为什么在编存量规划进行调研的时候，很多企业都对再开发感兴趣，然而规划审批通过之后大批企业又偃旗息鼓了？城市规划只是土地用途管制的一部分，还需要解决土地发展权的问题。企业有了动力，如果土地发展权定价太高或交易成本太高仍然难以实现空间转型，需要交易成本低的议价过程，使这些动力能够便捷地发挥出来，让企业能够顺畅地获取土地发展权，使社会资本能够参与从而完善市场交易，如此才能在空间转型上趋向于帕累托最优即社会总价值的最大化。

有些情况下，存量规划在再开发政策出台之后编制，则规划需要深入研究已有政策并与之配合，发现政策尚未解决的问题并提出建议、补充政策。有些情况下，存量规划在再开发政策之前，则规划要与政策制定的主要政府部门讨论再开发政策，需要研究、预判乃至共同构建再开发政策。存量规划至少要能够与不同的政策集合（即不同的制度安排）相配合，最好能够参与政策制定的过程（即制度设计），从而使政策与规划成为制度中的有机组成部分。换个角度说，城市规划本身也是公共政策，在存量规划的编制与存量开发的政策制定过程结合在一起，才能更好地发挥其公共政策的作用。

不同地区的工业用地更新的进展阶段不同，相应的规划也有所不同。珠三角、长三角早已开始关注城市更新规划、退二进三规划，而中西部地区尚处于承接产业转移和空间扩张开发阶段，依然在做战略规划、增量规划。广东的开放与分权化最早、地方权力大，政府对市场创新探索的宽容程度高，文化创意产业空间和科技研发空间等类型都较早出现而且空间质量较高。广州最早进行三旧改造的探索，深圳最早开展系统的城市更新规划，制定规则规范市场行为。上海已经开始研究控规如何考虑产权变更和交易成本。南京跟随国家战略和政策的步调，在每一个阶段新的空间开发类型都相对深圳、上海较晚一些。

三、政策波动对规划的影响

在具体的存量开发、城市更新中，政策一般将符合城市规划作为项目的前提条件，如果已经编制片区转型的规划，则项目需要符合规划，如果规划尚未考虑转型，需一事一议地进行地块层面的规划变更。当前再开发政策变化是短期的局部的制度变迁，对城市规划产生如下影响：再开发政策鼓励下出现的成片区的工转研，冲击城市总规所确定的空间结构；政策优惠程度变化导致企业意愿变化，改变协商式规划达成共识的基础；再开发政策周期短、变化快，存量规划依托的政策条件改变。

短期的政策波动导致市场在不同时期有不同的反应，空间转型的类型导向呈现阶段性变化，相应的对城市规划和城市空间产生影响。政策的不连续常常导致了规划的不连续，法定规划难以落实，非法定规划类型层出不穷，很多地方不断地做城市设计、更新改造规划、退二进三规划等。政策波动造成规划反复修改，一个再开发政策的两年试行期结束之后常常会推出一个新的优化的再开发政策,依据上一个政策编制的控规就面临修改。政策波动也导致空间质量的差异。不同阶段政策下的空间开发类型、开发方式、建设标准不同。以创意产业园为主的非正式更新往往成为谨慎的短期投资,通过少量的装修、装饰、改造原有建筑来改善空间质量。当前正式更新中的工业空间转科技研发空间,大多采取拆除厂房重建高标准的科研楼、科技园的方式开发建设,其投资力度、建筑质量都较高。

第二节　规划对开发区工业空间转科技研发空间的导控

规划在制度层级中具有承上启下的作用,落实法律和政策、约束项目合同,为工转研项目提供前提条件和限制条件。规划(控制性详细规划、法定图则、城市更新单元规划等)在地块层面上通过用地性质、容积率、地块边界、配套设施四个方面的规划要点变化来支持合约并实现制度功能(图6-1)。用地性质确定为科技研发用地(C65 或 M0 等)可以界定新的土地使用权和约定为科技项目。容积率能够发挥产权界定、约定项目、利益分配的功能,配建公共服务设施和市政设施的要求发挥了约定项目和利益分配的功能。地块边界界定了产权、有时候重划边界会重新分配利益,此外确切而稳定的规划作为规则能够降低交易成本。在片区层面上,规划比政策更加直接和明确地管制空间,确定空间结构、功能布局、控制指标等。

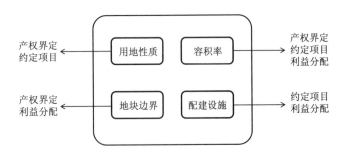

图6-1　规划要点实现制度功能

一、规划中的产权与交易成本

存量规划改变用地性质和容积率，有些情况下还会重新划定地块边界，这些改变是重新界定产权的依据。原企业与政府重签土地出让合同必须按照规划确定的用地性质、容积率和边界来界定新的土地使用权。规划对产权的改变必然涉及原土地使用权人的产权和利益。规划作为制度规则进行的改变使得潜在利润能够有机会在新规则下得以实现。原企业按照规划进行再开发能够获取土地用途改变和强度增加的潜在利润。有些情况下规划也会使原土地使用权人的利益受到损失，例如由于道路拓宽或港湾式车站等重新划定的边界会减少原企业的用地面积，往往需要规划之外制度设计、协商和补偿。政府通过规划来推动片区的转型，必然需要与大量土地使用权人进行沟通、谈判、协商，这就会涉及交易成本。按照邹兵（2015）、赵燕菁（2014）、尹稚（2015）等规划学者的共识：存量规划的核心是产权和交易成本；存量规划要参与制度设计，目标是减少产权转移的交易成本。

城市规划观念中的产权意识是在学科发展和当代实践中形成的，同时也必然受到历史、文化以及社会思潮的影响，与我国长期以来的公私观念有千丝万缕的联系。从传统文化到革命思想，"大公无私""天下为公""集体化""国有化"等一系列理念都具有合理性、合法性。改革开放后城市规划谋求公共利益的价值观符合边沁功利主义哲学"最大多数人的最大幸福"。然而，与"公"对应和抗衡的"私"的观念如个人主义和私产不可侵犯在中国近现代历史中没有生存和发展的时期。城市规划在长期的增量开发过程中形成了注重维护公共利益、城市利益的观念，相对而言不重视私有产权，并不在意为公共利益侵犯少数人的利益。很多城市已经或即将进入存量开发阶段，而产权意识恰恰是城市规划观念转型的难点。

在增量开发时期城市规划忽视产权，通过用地规划图将现状农田变为工业用地、居住用地。政府用一套合法有效的征地程序将农村集体所有的土地变为国有土地，大多可以通过补偿机制平稳地变更产权，对少数采取强征、强拆等措施，再将土地出让给工业企业和开发商。在这个过程中规划师对于将农民的集体土地国有化并没有什么观念障碍。规划师不必亲临强征的现场、很少直接与农民群体对话，感受不到改变土地用途有什么阻力，然而笔尖触及的却是个体生命的财产和生活。

到了存量开发时期，用地现状、法律环境与过去有很大的不同。土地使用权人一般是企业或业主群体，使用权人拥有尚未到期的土地出让合同，产权受到合同法、物权法的保护。政府需要与所有涉及的企业或业主委员会谈判而不是像以前一样只和村委谈判，也不能对企业或小区进行强拆。规划师面对的不再是一大片农地当成白纸来做新方案，而是面对每一块地都有确定的产权归属的建成区。使用权人的情况和诉求千差万别，这时要改变土地用途所遇到的阻力比过去大多了，绝不是图上改了颜色现实中就会轻易而迅速地改变。冯立和唐子来指出上海虹口区控规在划拨工业用地上布置了大量的社区公共服务设施和公共绿地，但几乎无法实施。工业用地的更新并非是规划师们在图纸上改变颜色，市场机制就会自然而然地完成"更新"过程（冯立等，2013）。哈耶克（1997）曾经指出，"这样一种规划方案，无异于是在说它将不考虑某些成本：规划者之所以能够使其规划看似有利可图，其原因乃是他们已将一些成本强加给了私人，实际上是置这些私人的利益于不顾。"哈耶克（1999）并不反对城市规划，而是认为规划应支持市场而非代替市场，"问题不在于人们是否应当赞成或反对城市规划，而是在于所用措施是应当用来补充和支持市场，还是排挤市场并以集中管理取代市场"。存量开发中规划师常常被要求走上前台、走进企业和社区，直接跟企业和业主委员会沟通、解释、协商。现在要改变工业片区的土地用途，可能需要跟几十个企业进行协商，与过去增量规划相比存在巨大的交易成本差异。一些规划把建成区当成一块任意涂抹的画布做出了理论上合理的方案，然而现实世界存在的巨大交易成本使规划难以实施，忽视产权和交易成本的存量规划只能是短命的，面临一轮又一轮的修改和重来。这种问题明显地反映在控制性详细规划的管理实践上，引导整个工业片区转型升级的控规很可能由于产权人意愿的改变和城市再开发政策的变化而在两三年内就失效。"目前规划界对控规问题的探讨，很多还是就控规本身论控规，没有从其本源——界定土地产权尤其是土地发展权的重要手段这一点上去分析。"（田莉，2007）

政府在增量开发中如果强征农民集体土地，出售对象是另一群体（企业或市民），强征产权对其市场信用影响也许并不明显；而在工业用地再开发中对企业或市民强征产权，出售对象还是企业和市民，政府的信用将会受到极大的损害。如果政策和规划可以违反物权法、合同法并得以执行（如2008年昆明的小区道路"私改公"），难免某种程度上给人随意侵犯产权之感，可能损害企业和小区业主的合法利益，可能出现强制执行和引发群体性事件，或会动摇人们对市场经济和法治环境的信心。产权是市场经济的根基，承认和保护产权是一系列改革开放能够激发劳动积极性、促进生产力、发展市场经济的基础。

在新的发展阶段和法治环境下，城市规划只能在存量规划实践中逐渐转型，提升"保护私权、尊重产权"的地位。规划师要适应从增量规划到存量规划的转变，将产权和交易成本作为重要因素纳入城市规划考量，进行相关制度设计的思考和探索，从而渗透到规划技术的变革。科斯指出传统经济学的问题在于忽略了交易成本，并希望经济学家离开交易成本为零的科斯世界，研究真实的经济问题。中国城市的存量开发也呼唤规划师离开科斯世界的规划，研究真实的规划问题。正如赵燕菁（2005）所言"如果城市规划要想成为一种实用的科学，就必须进入交易成本不为零的现实世界——最优的城市规划解决方案要同时考虑制度因素，才能解出真正合理的解答"。当年老一辈规划学者曾经教育学生，画的每一根线都涉及很多投资。当代规划师也要告诫自己，涂的每一块颜色都涉及产权和交易成本。

二、规划中的约定项目与利益分配

存量规划所确定的地块具体指标，对于实现约定项目的制度功能也有作用。城市的再开发政策将符合城市规划作为前提条件，控制性详细规划确定的地块用地性质、容积率等指标和配套设施要求是土地合同中约定项目的依据。在工业空间转型中，规定过于确切而唯一的地块用地性质有时会造成转型陷入困境。譬如在当前的工转研中，一些规划将整个片区划定为 C65 科研设计用地，这样缺乏弹性的规划确切地指定了若干地块的项目类型。如果企业意愿、政策导向、产业经济等方面出现变化，而规划没有留下回旋的余地，就会使整个片区的转型进退两难。兼容性的规划能够给约定项目以更大的选择范围，例如深圳的车公庙地区法定图则将一类工业用地设置为兼容商业性办公用地，使得该工业片区内的企业可以根据自身条件和市场情况选择再开发的时机，片区能够在一个较长时期里渐进式地实现空间转型。巴塞罗那普布诺地区再开发的 22@计划，在弹性利用规划方面为存量规划提供了启发。22@计划并没有建立一个详细而精确的规划，而是根据每个子区域自身特点制定弹性的渐进式更新规划。时间、建筑形态、更新主体、转型机制都是弹性的；只限定土地产权人的权利和责任，不确定房屋建筑形态；确定六个部门为城市公共部门主要投资主体，此外更鼓励私有部门积极参与；允许各种形式的衍生规划来适应不同的形势和需求，或者适应不同尺度的区域。（李健，2016）

存量规划参与了重新界定产权，在容积率、地块边界和配套设施要求方面的改变必然涉及利益的重新分配。存量规划中常常出现为了道路、绿地、公共开放空间、公共服务设施等功能需要而重新划定地块边界的情况，即涉及了产权边界的重新划定又涉及利益分配。规划要求原土地使用权人付出一部分土地，一般并没有在规划内给出利益补偿。常见的补偿方式是减免一定的土地出让金。这种情况与日本的市地重划有相似之处。市地重划是日本和中国台湾地区常运用的方式，将一定区域内零碎不完整的土地通过重新整理、交换、合并使之成为大小适宜、形状规整的地块，然后进行再开发和权属分配。政府获得一部分土地用于公共设施建设（胡映洁，2016）。台湾的市地重划，土地所有者必须分摊按照新规划所需增加的公共设施用地和抵充公共建筑费用所需土地，统称为抵费地（华生，2014）。规划得益是英国土地发展性收益最重要的间接利益还原手段。政府与土地所有者或开发商达成协议，要他们负责建设一部分基础设施，或付费用于基础设施建设，或允许社区内居民使用起土地内某些设施（胡映洁，2016）。日本的减步法特别值得中国参考借鉴：日本的土地所有人可以申请变更规划限制，对自有建设用地进行合理化再开发，但这种土地再开发的前提是土地所有者必须拿出相当土地以满足规划所需要的公共事业用地需要。简而言之，就是以自己的私有土地换取规划变更。《土地区划整理法》规定减步以土地权益人在规划变更前后的土地价值不变为基准，增值部分应当归社会（华生，2014）。这些间接购买土地发展权、分配土地发展性利益方式的市场效果较好。深圳的城市更新中也出现了类似的政策，对已出让的产业用地，鼓励提高容积率并按一定比例配建创新型产业用房。[①]城市工业用地再开发政策可以学习和尝试此类方式，可以用配建公共设施、承担一部分基础设施建设、向公众开放部分公共空间和绿地、配建一定比例创新型产业用房（或保障性住房、人才公寓）等。有些规划会考虑对贡献了部分土地的地块予以容积率的奖励，这样就使容积率成为利益分配的方式。

在实现约定项目和利益分配等功能的过程中，规划有明显的作用并且也可以有更多的作为，在存量规划的变革中应有意识地进行这方面的探索试验。

三、规划导控开发区工转研的方式

虽然地方政策为工业片区指出了转型的大体方向（研发、商业、居住等），但规划更为直接地明确了该片区具体的功能板块和比例关系。规划通过图纸和文本将片区从工业功能转变为以研发办公为主的单一或复合功能区，并安排各种功能之间的

---

① 2013年《深圳市人民政府关于优化空间资源配置促进产业转型升级的意见》。

空间结构与布局，从而实现了空间功能重组和空间形态重构。近些年地方实践中已经出现了几种不同的工转研相关规划探索，采取不同的方式、在不同的尺度上对工业空间进行空间功能重组和空间形态重构。

（一）以兼容性的方式实现工转研

2009 年的"深圳市福田 04-02&03 号片区[车公庙地区]法定图则"依据《深圳市城市规划标准与准则》（2004 版）编制，对地块规定了三类土地利用性质：一类是指"规划确定的土地利用性质"；二类是指"须经规划主管部门批准方可变更的土地利用性质"；三类是指"须经市规划委员会批准方可变更的土地利用性质"。车公庙地区法定图则的"地块控制指标一览表"中采用了工业用地兼容商业性办公的方式，绝大多数 M1 一类工业用地地块的第二类用地性质都标注了 C2 商业性办公用地（图 6-2，表 6-1）。该规划支持了车公庙工业区的转型升级，呈现了工业与研发办公等多种功能混合并不断演替的渐进式更新（图 6-3）。这种增加兼容性的方式是在原有的规划体系下进行较少的改变，以较低的交易成本来变革制度和实现空间转型。

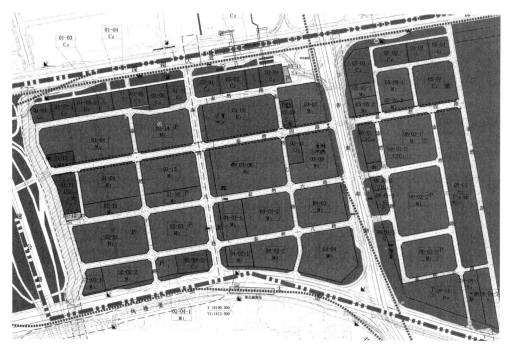

图 6-2　车公庙地区法定图则

资料来源：深圳市规划和国土资源委员会。

表6-1　车公庙地区法定图则-地块控制指标一览表（局部）

地块编号	用地性质代码	用地性质（一类）	用地面积（平方米）	容积率	二类用地性质
01-08	M1	一类工业用地	35 889	2.5	C2
01-09	M1	一类工业用地	22 271	2.5	C2
01-10	M1	一类工业用地	8 426	3.0	C2
01-11	U12	供电用地	8 802	——	
01-12	S3	社会停车场库用地	1 225	——	
01-13	U8	其他市政公用设施用地	3 841	——	
01-14	M1	一类工业用地	22 944	2.5	C2
01-15	M1	一类工业用地	21 895	2.5	C2
01-16	M1	一类工业用地	8 258	3.0	C2
02-01	M1	一类工业用地	29 616	3.0	C2
02-01-1	M1	一类工业用地	4 914	3.5	C2
02-01-2	M1	一类工业用地	11 750	4.0	C2
02-03	M1	一类工业用地	23 739	4.4	C2
02-04	M1	一类工业用地	4 346	3.0	C2

资料来源：根据深圳市规划和国土资源委员会公示文件整理。

（二）通过城市设计和控规研究工转研片区

这种方式在南京比较常见，可以对较大规模的片区（200公顷左右）进行多轮的城市设计，研究整个工业片区转型科技研发空间比较合理而有可行的空间布局，最终成果影响片区所在的控规修编。也有的地方直接通过工业园区的控规来进行工转研的研究，如《苏州工业园CBD南、北工业区改造控制性详细规划》。城市设计是已有规划方式中最为灵活的一种，可以适用于不同的规模大小、不同的转型目标和要求，但有些城市设计由于追求空间关系的合理性、完整性和理想性，留出公共绿地、塑造公共空间、构建空间结构，常常会对现状工业片区进行大动作的改造、重新划定很多地块的边界，为后续实施带来很多困难。

马群科技园是江苏省级开发区，定位为一类洁净工业园，包含大量工业制造、仓储等功能。为响应南京市实施创新驱动战略、各产业园区向创新型园区转型、强占科技人才竞争制高点前沿阵地的号召，以仙林大学城向仙林科学城转变为契机，在2013年编制《马群科技园城市设计》，将现状工业用地提升为科技研发用地（B29a），140公顷占比达到42%。该城市设计彻底改变了原有的工业空间功能，以

多个功能区实现重点发展物联网、电子商务、科技服务三大平台的目标，形成一个
以科技研发为主的现代化科技园园区（图6-3）。

图6-3　马群科技园城市设计鸟瞰图

资料来源：南京市规划局规划成果。

（三）中、小尺度的城市更新单元规划

深圳大多数城市更新单元规划都是小尺度的。小尺度的城市更新单元规划仅在
一两个地块内进行空间的功能重组和形态重构，优点是可实施性强，往往是一个企
业能够顺利地收集单元内产权并独立实施，缺点在于斑块式的更新很难在整个片区、
多个单元之间建立更为合理和理想的空间关系。

福田区的车公庙工业区第一城市更新单元规划项目被列入《2010深圳市城市更
新单元规划制定计划第二批计划》内，2016年的城市更新单元规划修改（草案），
采用拆除重建的方式更新成一个集新型产业用房、写字楼、商业、酒店于一体的综
合体。开发建设用地面积3.6公顷，计容积率建筑面积416 000平方米，其中包括产
业研发用房、商业、办公等功能，另外还有地下商业建筑。该规划已经不同于车公
庙地区法定图则中用地兼容的方式，地块的用地性质采用了M0新型产业用地和C1
商业用地（图6-4）。

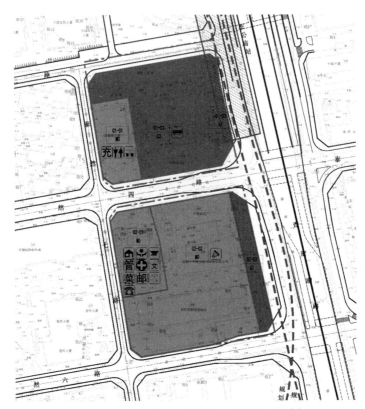

图 6-4　车公庙泰然工业区第一更新单元规划

资料来源：深圳市规划和国土资源委员会。

在中等尺度上的城市更新单元规划能够比一两个地块的单元规划更好地完善空间功能、构建空间关系。在深圳的城市更新单元计划中，仅有很少的项目是中等尺度的单元（10～50 公顷）。中、小尺度的城市更新单元规划的共同点是往往都能够由一个企业完成产权收集或成立一个股份公司合作进行再开发，更新单元内为一个再开发项目，可以进行比较详细的项目规划设计，通过总平面布局考虑建筑物之间的空间布局关系。

大鹏新区大鹏街道第二工业区 B 区城市更新单元规划项目被列入《2012 年深圳市城市更新单元规划制定计划第四批计划》内。更新单元用地范围面积 14.9 公顷，计容积率建筑面积 325 000 平方米，其中产业研发用房面积 227 500 平方米。用地性质为新型产业用地（M0），容积率 3.5 左右。规划以拆除重建的方式改变了该片区的空间形态和空间质量，建筑形式为 12 层的研发楼，空间布局形式以建筑围合成为三个院落。规划要求建设和完善公共服务设施，包括社区健康服务中心、便民服务站、社区警务室、社区管理用房、文化活动室、垃圾转运站、综合车站、地下公共充电站等，提升了公共服务设施的数量与质量（图6-5）。

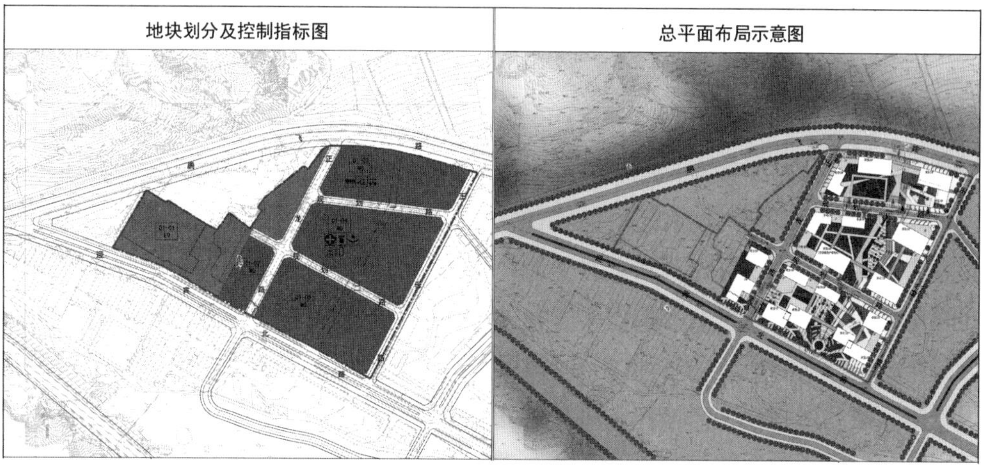

图6-5 大鹏新区大鹏街道第二工业区B区城市更新单元规划
资料来源：深圳市规划和国土资源委员会。

《2015年深圳市城市更新单元计划第二批计划》列出22个更新单元，拟更新方向包含新型产业的有6个。其中的"坂雪岗科技城04城市更新单元"在2012年就已经开展了城市更新单元规划①，规划区位于"龙岗区坂雪岗片区、华为科技城西北部"，是深圳最为重要的自主创新研发基地之一。该单元更新为以产业研发用房为主，并包含产业配套用房（单身宿舍、小商业服务设施）、住宅、商业服务业、酒店、商务公寓和公共设施的综合功能片区。开发建设用地面积45公顷，其中用于建设产业研发用房的工业用地面积合计29公顷、占比为64%，产业研发用房140万平方米、占总建筑面积的48%，各地块容积率分布在3.1~7.9之间。这些产业研发用房的建筑形式为高层或超高层办公楼，空间布局形式以地块为单元、用高层塔楼和裙房围绕庭园景观组合成办公楼群。

（四）大尺度的城市发展单元规划+中小尺度的城市更新单元规划

"城市发展单元是依据国民经济和社会发展规划、城市总体规划和土地利用总体规划的指导思想，根据特定发展目标，有特定开发管理主体组织实施的城市特定发展地区。城市发展单元规划就是综合运用规划、土地、公共政策等多种技术和政策手段，以城市发展单元为载体，面向实施，协调发展，平衡利益的协商式、过程

---

① 从2012年《龙岗区坂雪岗片区GX04单元城市更新规划》到2014年《龙岗区坂田街道天安岗头城市更新单元规划》，工业用地从11块调整替换为9块，面积仍然为29公顷左右。

式新型综合规划。"（罗彦等，2013）发展单元规划不全覆盖和法定规划平行实施，根据需要才做（罗彦等，2012）。城市发展单元规划是针对城市更新单元比较密集的地区进行的，可以在几百公顷的尺度上组织功能、优化布局，下一层次的小尺度的城市更新单元规划承接城市发展单元规划的空间安排，从而实现空间布局关系在不同尺度上的贯彻和渗透。

蛇口网谷是原蛇口工业区的一部分，2012年《蛇口沿山片区城市发展单元规划大纲（草案）》规划范围240公顷，对原有工业厂房、老办公楼、老宿舍区进行改造，引进互联网、电子商务、物联网等新兴产业，实现园区产业升级（图6-6）。蛇口沿

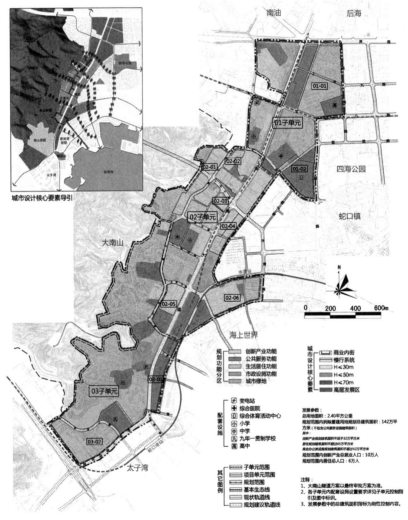

图6-6　蛇口沿山片区城市发展单元规划大纲

资料来源：深圳市规划和国土资源委员会。

山片区城市发展单元的发展目标为: 国际化、创智型产业综合城区, 粤港都市圈产业转型升级示范区。功能布局呈现"一核两区": "一核"即蛇口网谷产业核心区, 以发展研发、创新产业功能用地为主; "两区"即南北两个综合配套服务区, 以发展居住和生活性配套服务功能为主。各片区用地功能上具有复合性和兼容性。

沿山路宝耀片区更新项目作为"蛇口网谷"的核心产业子项目, 重点发展互联网、电子商务基础及应用、物联网技术及应用示范三大核心功能。规划呼应上位规划的布局, 同时在几个地块的尺度上设计出现代化的科技研发办公园区(图6-7)。

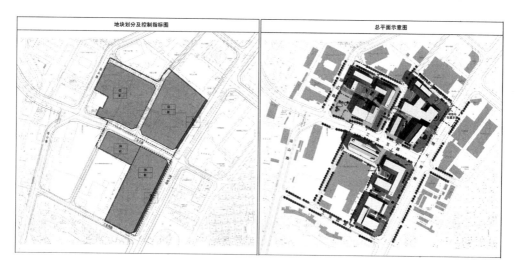

图6-7 深圳市南山区蛇口沿山路宝耀片区更新单元专项规划(草案)

资料来源: 深圳市规划和国土资源委员会公示。

第三节 存量规划变革

存量规划的困境源于土地产权制度和土地市场制度的变革进程滞后于存量开发的需要, 存量规划要应对短期而频繁的政策变化和再开发市场需求, 也要考虑长期的制度变迁。可以设想低线与高线两种土地制度变迁情境, 低线是根据当前的政策变化和现实需要进行控规改革–高线是按照制度变迁的趋势外推进行制度设计与规划体系改革, 在此区间有多种的可能性。不同的城市、不同的发展阶段有不同的情境, 存量规划实践只能因地制宜、与时俱进地应对不同的制度变迁情境。

一、现有体系下提高规划弹性应对政策变化和企业选择变化

当前的存量规划探索实践，往往落实特定的再开发政策并与企业意愿结合紧密，二者经常发生变化导致规划就需要经常修改。基于对工转研实践的反思，面对当前这一时期再开发政策不断变化和企业选择变化的实际情况，在现有规划体系下应提高规划的弹性。

在控制性详细规划中，根据具体情况某些地块可以兼容多种用地性质，某些地块可以设置为混合用地。在规划转型发展科技研发的片区，地块兼容一类工业用地（M1）和科技研发用地（深圳 M0 和 C2，南京 Mx 和 B29a，苏州 Mxy 和 C65）。这样的用地兼容性可以避免新的规划用地性质与原有工业用地合同冲突的问题，企业要进行工改工的加建符合规划，转型科技研发也符合规划。如果政府对于片区产业转型和规划的空间转型判断准确，转型预期符合市场需要，则经过一个转型再开发的时期，市场会逐渐将这一片区的工业用地再开发为科技研发用地。

在地方的城市规划用地标准中简化分类、合并一些用地类型也能够提高规划弹性。《深圳市城市规划标准与准则》（简称 2013 版《深标》）是在"深圳转型发展的重要时期"探索城市规划转型的重要举措。2013 版《深标》对 2004 版的用地分类标准进行了较大幅度的优化、调整与完善，简化分级分类、优化分类因素，构建土地用途的开发控制管理体系："城市用地分类+开发控制规则"，鼓励土地混合使用，增强城市规划的弹性与适应性，促进精细化与规范化管理。2013 版《深标》取消了专门的科研用地（GIC58）和商业性办公用地（C2），商业服务业用地大大简化，仅有 C1 商业用地和 C5 游乐设施用地两个中类。将商业性办公并入了 C1 商业用地[①]，将科研用地归并到 C1 商业用地和 M0 新型产业用地[②]两类用地之中。这种改变实质上是市场化取向的，C1 商业用地包含了商业、办公、旅馆等用途，极大地增加了用地的兼容性。2013 版《深标》在"常用土地用途混合使用指引"中，M1 普通工业用地可以混合使用的 C1 商业用地和 R3 三类居住用地，为存量工业空间逐步转型创造了弹性（表 6–2）。

---

① C1 商业用地：经营商业批发与零售、办公、服务业（含餐饮、娱乐）、旅馆等各类活动的用地。

② M0 新型产业用地：融合研发、创意、设计、中试、无污染生产等创新型产业功能以及相关配套服务活动的用地。

表6–2　2013版《深圳市城市规划标准与准则》C类和M类用地

类别代码		类别名称	范围	适建用途
大类	中类			
C		商业服务业用地	从事各类商业销售、服务活动及容纳办公、旅馆业、游乐等各类活动的用地	
	C1	商业用地	经营商业批发与零售、办公、服务业（含餐饮、娱乐）、旅馆等各类活动	主导用途：商业、办公、旅馆业建筑 其他用途：商务公寓、可附设的市政设施、可附设的交通设施、其他配套辅助设施
	C5	游乐设施用地	设置有大型户外游乐设施或以人造景观为主的旅游景点的用地	主导用途：游乐设施 其他用途：小型商业、旅馆业建筑、宿舍、可附设的市政设施、可附设的交通设施、其他配套辅助设施
M		工业用地	以产品的生产、制造、精加工等活动为主导、配套研发、设计、检测、管理等活动的用地	
	M1	普通工业用地	以生产制造为主的工业用地	主导用途：厂房 其他用途：仓库（堆场）、小型商业、宿舍、可附设的市政设施、可附设的交通设施、其他配套辅助设施。对周边居住、公共环境有影响或污染的工业不得建设小型商业、宿舍等
	M0	新型产业用地	融合研发、创意、设计、中试、无污染生产等创新型产业功能以及相关配套服务活动的用地	主导用途：厂房（无污染生产）、研发用房 其他用途：商业、宿舍、可附设的市政设施、可附设的交通设施、其他配套辅助设施。

二、存量规划与政策配合的制度设计

存量开发政策一般都要求首先符合城市规划，而当前的具体片区的存量规划往往需要根据当前政策重新编制或修改。存量规划在政府与企业的博弈之中的作用应该是成为规则而非筹码。规划与政策相结合而非在政策指引下改规划，才能有效地避免存量规划短命。再开发需要分蛋糕，不仅仅是容积率，更重要的是土地、成本、收益。政府与企业博弈的是蛋糕怎么分，包括规划在内的制度应该是分蛋糕的规则而不是分蛋糕的方案。因此，规划与政策需要进行相互配合的统一的制度设计。

深圳在再开发政策与规划结合的制度设计方面做出了有益的探索，预示了国内东部沿海大城市存量规划的变革方向。《深圳城市更新办法》第二章就是"城市更新规划与计划"，规定了全市城市更新专项规划和城市更新单元规划两个层面的规划，此外还有城市更新年度计划（包括城市更新单元规划的制定计划、已具备实施条件的拆除重建类和综合整治类城市更新项目、相关资金来源等内容）。深圳的存量规划在关注产权的制度设计方面做出了最先锋的实践。2010 年《深圳城市更新单元规划编制技术规定（试行）》专门对"地权重构"提出了要求：明确相关政策对单元更新的具体规定，确定拆迁责任、公共服务设施、市政基础设施及其他公益性设施的捆绑开发、保障性住房建设、综合整治区整治责任等方面的要求；单元内拆除重建用地由业主区分所有情况下，还需依据各自用地布局、规划指标及捆绑拆迁建设责任，经协商谈判形成利益平衡方案。规划文本要有地权重构部分、图纸有地权重构示意图①、规划研究报告要研究地权重构方案。

更进一步的探索有以下几个参考学习的对象：（1）再次借鉴美国的区划，1980年代第一次学习区划关注编制内容和技术层面，如今第二次学习区划应关注制度层面，如区划对保护产权的作用、听证会制度等。（2）学习日本的减步法、中国台湾的市地重划等制度和规划，通过制度设计提供以土地换土地发展权的途径。（3）学习香港的租约修改费制度和规划，大陆在改革开放初期的土地使用权出让制度很大程度上参考了香港土地制度，由于路径依赖在存量开发的新阶段继续学习香港的可能性比较大。

三、构建三个层次的存量规划体系

园区和区政府进行的规模较大的成片区工业空间转型规划，有时候会冲击城市总规所确定的城市结构和功能布局。比如工转研，需要关注集中成片的科技研发空间在全市的分布、结构、功能、规模，要研究工转研片区与城市的关系、与开发区的关系、与高校的关系。以此类推，成片集中的工转居、工转商、工转办、工改工都应该在城市层面综合考虑和协调。因此，要有在城市层面的存量规划进行整体性的统筹考虑，避免局部片区空间转型缺乏协调造成的冲突和失序。

城市层面之下的存量规划应该分为片区层面的框架性规划和项目层面的开发性规划。框架性规划设立一些刚性的规则，不随短期政策和企业意图变化而改变、不

---

① 在最新有效的地形图上，标绘"拆迁用地"范围线；标绘更新单元内所有宗地的宗地编号、宗地号（或用地方案号）、宗地边界、用地权属单位；标绘所有新增独立占地的城市基础设施、公共服务设施、城市公共利益项目的设施类型、地块边界、占地规模；标绘所有新增非独立占地的城市基础设施、公共服务设施、城市公共利益项目的设施类型、位置、建筑规模；编制《地块捆绑改造责任一览表》；并在备注栏中说明独立占地设施与非独立占地设施的补偿标准。

依赖企业同一时段统一开发，在框架性规划之下开发性规划则由企业等权利主体进行决策。框架性规划符合哈耶克（1999）所提倡的城市规划与市场的关系。"这种'城市规划'的运作方式主要是影响市场和建立一些一般的框架条件。一个区或一个地段的所有发展都应符合这些框架条件，但在这些框架条件之内，决策是留由各私人房地产所有者作出。这种'城市规划'是使得市场机制更有效发挥作用的部分努力。"相当于将现在的控规分裂为"框架性规划+开发性规划"两个层面，都可以使用容积率转移、容积率奖励等工具。存量规划中的支路、步行街、绿地等往往涉及多家产权单位，再开发规划是与众多企业协商的结果，一旦有几个企业意愿发生变化，具体的空间设计意图就难以实现。因此应区分存量规划层级，将必须遵循的数字要求如公共绿地比例等放在框架性规划层面，将直接触及产权利益、重新划定形态边界的绿带放在开发性规划层面。

存量规划不可能毕其功于一役、以一轮规划降低交易成本（减少议价时间），这是因为对于土地发展权的价格当前处于通过政策进行多轮博弈的议价过程中。降低交易成本的根本方式有两点，其一是改变议价方式，从政策定价变为市场议价（协商、竞拍等），其二是建立存量土地信息和市场交易平台，为可能参与再开发的各方节约收集信息的时间成本。存量规划对降低交易成本可做的贡献是，框架性规划确立稳定的规则，减少不确定性、提供稳定的市场预期从而降低交易成本，比如说以五年不变的开发规则容纳两年一变的政策和多样的企业选择。这就要求把现有控规中可以稳定不变的规则提取出来设置一个层次的规划，可以包容不同阶段的转型变化，在变化过程中保持较好的结构、功能、比例等大关系，将可能随政策变化的部分设置为下一层次的规划，基于企业意愿、与企业协商沟通而形成的规划。

这样，存量规划体系上就有以下三个层次：

第一层次，城市层面的存量开发专项规划（类似于全市的城市更新专项规划），全市统筹考虑存量用地再开发，处理城市功能结构与局部片区空间转型的关系，调和总规自上而下与片区空间转型自下而上的碰撞与矛盾。

第二层次，片区层面的框架性规划（类似于城市发展单元规划和较大规模的城市更新单元规划，工业片区面积尺度在几十公顷到几百公顷之间，一般涉及数十个企业），在公共服务设施、市政设施配置、绿地和公共空间比例等方面强调刚性，而在土地用途方面体现弹性，避免过于单一具体的土地用途转型设计，使得片区层面规划具有比较高的稳定性。这一层面的存量规划有三个方面的价值，第一个价值在于建立稳定的规则从而形成稳定的预期，框架性规划应该能够指导一个片区完成转型或大部分完成，其时效性应长于一般常见的试行期 2 年的再开发政策，以 5 年以上为宜；第二个价值在于用刚性规则留出公共空间、公共服务设施，这是在政府与企业的博弈中完成政府应当担负的责任而为社区划分的利益，其受益者是再开发完成之后在这个片区工作和生活的人、入驻的企业、业务往来的客户，以及偶尔造访的市民和游客；第三个价值在于能够与政策结合起来，片区内一定比例的产权人达成一致意见才能再开发，这样可以降低仅有个别企业再开发而片区长期功能混杂的风险。这一层次存量规划可以借鉴的域外经验是日本的减步法，企业付出一部分土地用于公共空间、公共服务设施，以土地换土地发展权。

第三层次，项目层面的开发性规划（类似于较小的城市更新单元规划，小范围、具体项目，面积规模约数公顷，一般涉及一或几个企业），这一层面更应该是协商式规划或以企业为甲方的规划，处理因企业意愿变化而产生的规划变化，可以根据具体情况多轮编制和修改。

小　　结

本章从制度的视角研究针对工转研的存量规划，讨论土地产权制度和土地市场制度以及政策波动对规划的影响，从产权、市场交易、约定项目、利益分配等制度功能方面分析规划对工转研的导控作用，通过多个工转研规划案例归纳规划对工转研导控的方式。在存量规划中，产权是现实基础，降低交易成本是目标，制度设计是工具。增量规划往往面对的是单一产权，在新地块的城市设计如同在白纸上做规划，实施难度较为可控；而存量规划由于是既有开发土地，则必须面对分散的产权，需要充分尊重产权人的合法利益与合理诉求，在产权边界的基础上做规划，从而规划实施难度增大、变数增多，这正是该类型规划的困难所在。只有交易成本足够低的时候交易才能发生，存量规划必须通过制度设计降低产权交易和用途变更的交易成本，产权人才能进行存量开发，规划才有可能得以实施。政策波动与企业选择决定了工业片区再开发的时间周期较长，这也是分散产权的存量用地开发的特点。存量规划需要探索有弹性的长期有效的制度设计。存量规划需要国土、规划、发改、科技、建管等多个管理部门协作进行整体性、系统性的制度设计，仅仅靠规划本身的技术手段创新是不够的，更重要的是与再开发政策配合、顺应土地制度改革趋势，存量规划的理论与实践探索还有很长的路要走。

第七章 南京工业空间转科技研发空间案例研究

在工转研的三个基本模式中，政府主动型在理论上是介于企业主动型和双向互动型之间的一个过渡状态，在实践中也是占比最大、分布最广的一种模式。南京作为政府主动模式的代表城市，其制度安排和实践活动具有非常典型的案例研究价值。本章以南京为例进行一个多层次、系统性的案例研究，包含南京市政策框架、江宁区政策、两个开发区试点区域的项目实践、一个试点区域的规划，剖析当前以政策和规划为主的制度变迁在工转研中的作用，并且以案例研究来验证前文进行的理论研究。

第一节 南京工业空间转科技研发空间的政策

一、南京工业空间转科技研发空间的政策回溯

地方政策文件的开头部分往往明确表述该文件贯彻落实某一个或几个上层次文件，通过查询政策文件的引用关系可以进行政策回溯，发现地方政策在国家政策层面的源头。

2012～2016 年南京市出台了 8 项与工转研相关的政策（表 7–1），发挥主要作用的 2 个核心政策为：2013 年的《关于进一步规范工业及科技研发用地管理意见》（2013年 1 号文）和 2014 年的《关于推进城镇低效用地再开发促进节约集约用地的实施试点意见》（2014 年 81 号文）。2013 年 1 号文是南京市颁布的第一个针对工转研的文件，比国土部的再开发试点政策还要早。按照 2013 年 1 号文的表述，文件贯彻落实的是 2012 年《南京市国土资源管理转型创新总体方案》。该方案将产业政策与土地政策相结合，提出以土地利用方式的转变倒逼促进经济发展方式转型，加大存量闲置土地处置和调整盘活力度，鼓励企业利用存量工业用地建设科技研发项目。2013

年 1 号文也受到 2012 年十八大报告跨级别的直接影响，用文件引用回溯的方法可以追溯到 2011 年南京市党代会报告、2011 年江苏省两会直至 2010 年国家十二五规划。2014 年 81 号文开宗明义地写道"根据《国土资源部关于印发开展城镇低效用地再开发试点指导意见的通知》"，因此其直接来源于国土部的低效用地再开发政策，进而可以追溯到十八大报告提出的"推动工业化和城镇化良性互动、城镇化和农业现代化相互协调"。

表 7-1　南京市的工转研相关政策列表

编号	年份	政策名称
P1	2012	南京国土资源管理转型创新总体方案
P2	2013	关于进一步规范工业及科技研发用地管理意见（2013 年 1 号文）
P3	2014	市政府关于进一步加强工业科研用地供应管理工作的通知
P4	2014	关于推进城镇低效用地再开发促进节约集约用地的实施试点意见（2014 年 81 号文）
P5	2014	关于工业科研用地供地管理有关规定的实施细则
P6	2016	南京市城镇低效用地再开发工作补充意见
P7	2016	南京市城镇低效用地再开发操作实施细则
P8	2016	市本级土地协议出让审批与管理工作规则（试行）

　　通过政策回溯可以明确，2013 年 1 号文秉承十二五规划和十八大报告强调的创新驱动国家政策，为存量工业用地给出了科技研发这一转型出路；2014 年 81 号文秉承国土部的城镇低效用地再开发政策，最高层次的来源是 2008 年《全国土地总体规划纲要》和十八大报告的土地集约利用政策，推动包括工业用地在内的各种存量用地再开发（图 7–1）。政策回溯还可以证明前文关于主体动力部分的观点，土地集约利用和创新驱动两类政策本来在国家层面是分别表述并没有结合在一起的，地方政府将土地政策与创新政策结合在一起。南京市的 8 个政策本身全部为土地政策，它们只是嫁接了创新政策，在一部分条款上呼应创新政策。土地集约利用政策是推力，创新驱动政策是拉力，前者推着城镇低效工业用地再开发转变为其他用途，而后者则给出了一个转变的方向即其中一部分可以转为科技研发用途。

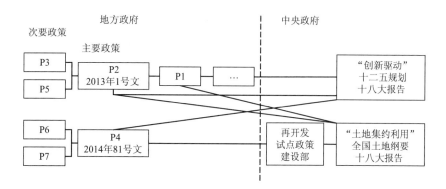

图 7-1　南京市工转研政策回溯

二、制度变迁的阶段划分

南京市工转研的制度变迁可以按照两个核心政策分为三个阶段。

第一阶段，2013 年以前南京市没有针对工业用地转科技研发用地的政策。工业空间转型的方式只有收储—招拍挂的正式更新和非正式更新。前者是工业用地由于闲置、破产等原因由政府收储，然后按照新规划的科研设计用地进行招拍挂，一些企业或机构购买科技研发用地。这些土地以收储重新供地的方式实现从工业空间到科技研发空间的转变。科技研发用地占城市建设用地比例很小，此类用地转型自发零星地出现。后者是用地性质不变、改变建筑用途的非正式更新，利用发展文化创意产业的政策改造厂房，科技研发空间混杂在文化创意产业园中或以创意产业园的名义存在。南京市在这个阶段其实也是企业主动型的模式。

第二阶段，开始于 2013 年 1 月的南京市政府《关于进一步规范工业及科技研发用地管理的意见》（2013 年 1 号文），文件促进产业结构调整升级，保障科技创新创业用地，鼓励生产研发、创意产业和生产性服务业项目建设，为工转研项目确定了基本的制度安排（表 7-2）。其中最重要的变化是允许原企业工转研：企业利用自有存量工业用地建设科技研发项目，符合条件的可以通过补交土地出让金的方式调整为科技研发用地。政策还规定了分割销售的建筑面积比例不超过 50%。这是在收储—招拍挂和非正式更新之外，开辟了一个新方式。这一阶段的政策和相应片区规划表明南京市的工转研已经变为政府主动型。

表7–2 《关于进一步规范工业及科技研发用地管理的意见》中的科技研发用地条款要点

条目	内容要点
明确土地用途分类	科技研发用地是指规划用途为科研设计用地（C65）和生产研发用地（Mx），土地登记用途统一为科教用地（科技研发）。
提高土地利用强度	科技研发用地根据区位条件和规划要求，尽可能提高容积率。
鼓励存量土地转型	企业利用自有存量工业用地建设科技研发项目，符合位置、科技研发企业认定、产业政策、城市规划、取得管理单位同意全部5个条件，可以通过补交土地出让金的方式将土地用途调整为科技研发用地。
转让、销售	科技研发用地及地上房屋，分割转让、销售的面积不得超过总建筑面积的50%。需经管理单位同意，对象须为科技研发企业或机构，不得转让、销售给个人。

第三阶段，开始于 2014 年 10 月南京市《关于推进城镇低效用地再开发促进节约集约用地的实施试点意见》（2014 年 81 号文），相比于前一个政策阶段扩大为低效产业用地、低效商业用地等多种类型用地的再开发（表 7–3）。其中最重要的变化是允许市场主体参与再开发（含工转研）：允许市场主体在规划范围内收购相邻多宗

表7–3 《关于推进城镇低效用地再开发促进节约集约用地的实施试点意见》
与工转研相关的条款要点

条目	内容要点
鼓励原国有土地使用权人自主开发	列入试点范围的城镇低效用地，再开发后土地用途为非商品住宅用地，《划拨决定书》、《出让合同》、法律法规和行政规定未明确应当收回土地使用权重新出让的，在符合再开发用地政策的情况下，可由原国有土地使用权人自主进行改造实施再开发。
允许市场主体参与再开发	允许市场主体在规划红线范围内收购相邻多宗地块，申请集中开发利用。国土部门可根据申请，将分散的土地合并办理土地手续。
低效产业用地再开发规定	低效产业用地再开发不涉及改变土地用途，提高土地利用率、容积率可采取协议出让方式办理；
	低效产业用地再开发后土地用途变更为科技研发用地，且符合《市政府印发关于进一步规范工业及科技研发用地管理意见的通知》规定的，可采取协议出让方式办理；
	低效产业用地利用现有存量建筑物进行改造，改造后土地用途为非商品住宅类经营性用地的，在保留主体框架和结构不变、改扩建增加的建筑面积不超过20%且不分割转让销售的情况下，可采取协议出让方式办理。
鼓励各区、园区开展再开发	市本级范围内补交的出让金，原则上由市政府统筹使用，江南六区（开发园区、功能板块）在推动城镇低效用地再开发过程中，确有增加公共配套设施建设的，经审核批准，可在补交的土地出让金扣除相关刚性计提后的余额内予以补助。

地块集中开发。第二阶段 2013 年 1 号文仅过了不到两年的时间，地方政策就开始了新的探索，将再开发主体从原土地使用权企业扩展到了社会资本，显然仅仅依靠原企业进行再开发是非常具有局限性的，允许社会资本参与再开发可以缓解低效用地再开发中的矛盾，不必仅仅依靠低效工业企业进行工转研、再开发，而是允许更有效率的开发者进行再开发。

三、政策变革要点解析

对南京市工转研相关政策以及变化进行提炼，其要点集中五个方面：前提条件、土地发展权、限制条件、地价及分配、市场交易。这五个方面的要点分别呼应了制度五功能中的产权界定、市场交易、利益分配、约定项目，建立有针对性的明确的规则、允许原企业及社会资本再开发等降低了交易成本（图 7-2）。透过纷繁复杂的政策条款，可以发现地方政策的变化主要围绕土地发展权展开，而土地发展权的改变最终是通过重订土地合同实现的。指定区位范围、开发主体资格等前提条件以及试行期表明，这些政策并不是普遍适用于全市工业用地的政策，而是局部适用的具有试点探索性质的政策，昭示出政策进一步变革和上升为全局政策的可能。

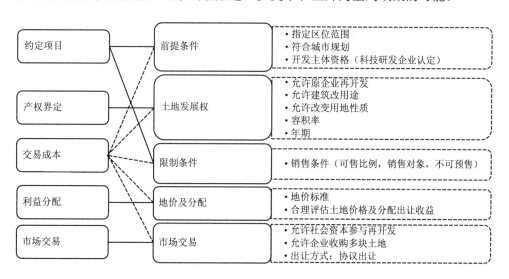

图 7-2　南京市再开发制度安排（含工转研）

（一）前提条件

前提条件方面的政策要求包括：指定区位范围，符合城市规划，开发主体资格

（科技研发企业认定）。

2013 年 1 号文中的前提条件有五条，其中比较重要的是：位于绕城公路以外的产业园区；项目单位拥有科技研发企业认定；符合城市规划。[①]工转研项目首先需要符合城市规划，片区的控制性详细规划在城市土地用途管制和开发建设控制中发挥了重要作用。大多数情况下是区政府和园区根据政策制定了新的控规，为项目提供前提条件，控规对地块的用地性质、容积率等要求通过选址意见书进入土地合同。

（二）土地发展权

土地发展权方面的政策变化包括：允许原企业再开发，允许建筑改用途，允许改变用地性质和容积率，以及确定新的土地使用权年期。土地发展权以新的土地使用权替代。

由于合同法和物权法的保护，地方政府一般情况下不能直接征收企业的土地而是用政策推动原企业再开发。2013 年以后南京的政策是试图在不改变土地使用权人的情况下改变土地用途。2013 年 1 号文明确了土地用途分类，科技研发用地是指规划用途为科研设计用地（C65）和生产研发用地（Mx），土地登记用途统一为科教用地（科技研发），科技研发用地根据区位条件和规划要求尽可能提高容积率。最重要的制度变化是鼓励企业利用自有存量工业用地建设科技研发项目，符合前提条件的可以通过补交土地出让金的方式将土地用途调整为科技研发用地。原企业的存量工业用地不允许用于住宅（酒店式公寓）、商务办公、商业、餐饮、宾馆等经营性用途，由于城市规划调整需改为经营性用途的，由政府依法收回土地使用权后按新的规划条件重新公开出让。

2014 年 81 号文中的城镇低效用地是指城镇中布局散乱、设施落后、利用粗放、用途不合理的存量建设用地，包括低效产业用地[②]、低效商业用地、旧城用地、旧村用地和其他低效用地等五类。文件"鼓励原国有土地使用权人自主开发"，低效产业用地再开发后土地用途变更为科技研发用地，且符合 2013 年 1 号文规定可采取协议出让方式办理。[③]允许低效产业用地利用现有存量建筑物改造为非商品住宅类经营

---

① 南京市《关于进一步规范工业及科技研发用地管理的意见》（2013 年 1 号文）。

② 低效产业用地指：国家产业政策规定的禁止类、淘汰类产业用地；不符合安全生产和环保要求的产业用地；建筑物和构筑物存在严重安全隐患的产业用地；列入市、区工业布局调整计划，待搬迁及"退二进三"的产业用地；土地利用强度、土地产出率等指标较低的产业用地；废弃露采矿山用地。

③ 南京市《关于推进城镇低效用地再开发促进节约集约用地的实施试点意见》（2014 年 81 号文）。

性用途，符合条件①可采取协议出让方式办理。2016 年，低效产业用地转为经营性用途进一步放宽，可以重新建设或改造为非商品住宅类经营性项目。②

允许原企业进行再开发的政策是对原土地使用权企业授予了土地发展权，可以按照新的控规改变土地用途。企业如果认为有利可图就会进行再开发。政策变化降低了交易成本，使工业空间转型更容易实现。最后的决策权在于企业，企业要承担风险获取利益，是对近远期利益、市场环境、政策环境的考量。

（三）限制条件

限制条件方面主要是规定了销售条件（可售比例，销售对象，不可预售）。

限制条件与前提条件一起构成了制度五功能中"约定项目"的项目条件。按照当前南京的制度安排，存量工业用地改变为科技研发用地的项目，分割转让、销售的面积不得超过总建筑面积的 50%。分割转让、销售的对象须为符合管理单位规定条件的科技研发企业或机构，不得转让、销售给个人。③科技研发用地土地出让合同约定所建房屋允许分割转让的，必须在项目竣工后，按照存量房产进行转让，不得按照商品房进行预售、销售。④

政府期望这些工业企业转型发展科技研发而不要完全成为科技地产，因此要求了企业自持建筑面积的比例，并且用不能预售来减少地产开发本身的吸引力，同时也将这种利用政策性用地开发出来的空间产品区别于招拍挂获得用地的科研办公空间产品，以避免直接冲击原有的办公空间市场。限制条件的目的是尽量约束科技地产开发所占的比例，尽量保证所开发的空间用于科技研发活动，由于活动难以监管所以只好转变为对销售对象的监管。然而这些限制条件使相当一部分工业企业望而却步，在目前的政策条件下无法进行再开发，在今后的政策变化中限制条件必然逐渐放宽，这种趋势在深圳的政策变化中已经得到证实。

（四）地价及分配

在地价及分配方面，补交土地出让金的多轮博弈包括政府层级之间的分配变化、政府与企业之间的博弈。这与英国土地发展权的定价博弈过程有相似之处。

---

① 保留现状建筑物主体框架和结构不变、改扩建增加的建筑面积不超过现状建筑面积 20%且地上建筑不进行分割转让销售。

②《南京市城镇低效用地再开发工作补充意见》。

③ 南京市《关于进一步规范工业及科技研用地管理的意见》（2013 年 1 号文）。

④ 南京市《关于工业科研用地供应管理有关规定的实施细则》。

按照 2013 年的政策，工转研的土地出让金遵循相应的定价政策①，但并没有明确地价优惠的幅度而只是规定了下限（不得低于工业用地最低价），其具体价格由政府部门确定，这样政府对价格拥有一定程度的裁量权。2014 年的城镇低效用地再开发政策规定，按现用地条件净地价格与原用地条件净地价格（或划拨土地使用权价格）的差额补交土地出让金。土地价格按照土地市场价格水平评估确定，原土地使用权人拆除自有建、构筑物的，可抵扣土地出让金。②土地价格评估和建、构筑物价格评估，使得土地定价不够明确，评估环节增加了交易成本也存在寻租的可能。

2016 年政策调整了收益分配：采取协议出让方式实施再开发的城镇低效用地项目，按缴纳协议出让金总额的 30%分配给项目所在的区政府（开发园区、功能板块），统筹用于建设完善区内公共配套设施功能。③这一分配变化的目的是激励区政府和开发园区积极推动再开发。

（五）市场交易

在市场交易方面的政策规定：采用协议的出让方式，允许社会资本参与再开发，允许企业收购多块土地。

南京从 2013 年的政策开始，就确立了包括工转研在内的工业用地再开发采用协议出让的方式。这种方式能够保证土地原使用权企业继续使用土地并获得土地发展权，发挥鼓励原企业再开发的作用。但是，这也造成了土地使用权的交易方式重新出现了协议出让，存在滥用和寻租的可能性。而且这种方式并不能使土地配置到最有效率的使用者手中。2014 年政策关于开发主体的特别重要的变化是"允许市场主体在规划红线范围内收购相邻多宗地块，申请集中开发利用"。④虽然这并不是广泛的开放土地二级市场，而仅仅是将划定的再开发范围内的项目向市场主体开放，但这仍然是一个很重要的制度变革。这一制度变革显然更加趋近于市场交易，有利于再开发项目的土地发展权转移到更有效率的开发者手中，而且可以判断今后的政策变化将会进一步趋近市场配置。

对于南京工转研政策的剖析可以验证前文的假设和论证，地方政策将土地集约政策和创新政策结合起来，南京推出两轮政策推动工转研表明了地方政府的主动性。

---

① 南京市《关于进一步规范工业及科技研发用地管理的意见》（2013 年 1 号文）：土地出让起始价和土地转让价格不得低于宁委发〔2012〕26 号文件规定的工业用地出让最低价标准。

② 南京市《关于推进城镇低效用地再开发促进节约集约用地的实施试点意见》（2014 年 81 号文）。

③ 《南京市城镇低效用地再开发工作补充意见》。

④ 南京市《关于推进城镇低效用地再开发促进节约集约用地的实施试点意见》（2014 年 81 号文）。

南京政策的基本框架实现了制度的五功能。南京工转研政策的进一步调整优化，应该从主要鼓励原企业再开发并限定工业企业必须获得科技企业认证才能再开发，转变为主要鼓励社会资本（以擅长产业园区的开发商为主）开发科技研发空间，从政策鼓励开发科技研发用地转向科技研发办公用房。科技研发空间的主要需求者是广大创新企业、中小微企业，需要的科技研发办公用房规模较小（一般几十到几百平方米），可以通过租赁或购买的方式获得，并不必要也没有能力获得土地进行科技研发空间建设。而工业用地的再开发并不应该主要寄希望于原企业转型为科技企业，更需要的是开发商的经验、能力和资本。因此再开发土地的市场交易平台、信息平台显得尤为重要，能够让原企业找到有意愿的社会资本合作或购买土地。市场化才能实现空间资源的优化配置，提高再开发的效率和质量。

第二节　江宁区工转研政策与实践剖析

江宁区的工转研政策与实践在南京市具有先行性、典型性和系统性的特点。2013年1月南京市颁布第一个工转研政策，当月江宁区就推出了贯彻落实的政策，并且划定了两个开发区的试点区域，编制试点区域的工转研规划，对涉及的工业企业下发通知书、召集协商。开发区的工转研项目实践也迅速展开。因此，江宁区的工转研能够提供政策、规划、项目多个层次的系统性案例。本节着重剖析江宁区工转研的政策和项目实践案例并涉及规划，下一节专门分析其中一个试点区域的规划案例。

一、江宁区工转研的政策与方式

按照江宁总规数据，2009 年江宁区城镇建设用地 180 平方千米，工业用地 50 平方千米，占 28%。辖区内有江宁经济技术开发区、江宁科学园、空港工业园、滨江开发区等多个开发区。江宁区推进城镇低效用地再开发工作，制定了《2015 年城镇低效用地实施计划》《2016 年江宁区低效用地再开发试点实施计划》和《南京市江宁区城镇低效用地再开发 2016～2018 年三年行动计划》。2015 年盘活存量低效用地再开发约 2 000 亩，2016 年盘活低效闲置存量约 3 000 亩，计划三年全区盘活低效、闲置存量土地 1 万亩以上。这些盘活的存量低效用地大部分是产业园区的工业用地，以近几年的情况估算未来每年约有 200 公顷（3 000 亩）工业用地再开发。开发区再开发中退二优二（或称工改工）占比重最大，如滨江开发区 2015 年完成的 7 个项目有 6 个是工改工；退二进三和退二进居也占一定比例。工转研占总量的比重小，粗估占每年工业用地再开发的 10%。但工转研在区位条件好的片区集中出现，例如江宁高新园试点区域和江宁开发区试点区域的规划中，分别有几十公顷工业用地转科技研发用地，约占所在片区工业用地再开发的 50%～70%。

2013 年江宁区推进"优二进三"政策划定了江宁开发区试点区域和江宁高新园试点区域，其他区域则采用一事一议的方式，实施重点为区域内环境影响较大、不符合城市发展规划的工业企业。江宁开发区和江宁高新园是江宁区最早开发的一批园区，二者最早开发的片区即一期区域都已经成为江宁中心区组成部分，周围已经有住宅、商业、办公等功能，从城市发展角度不能再做工业生产。当时这两个片区的再开发预期与原有规划冲突大，已经有一些自发的改造。

2013～2016 年南京市江宁区的再开发（含工转研）项目具体执行的政策合计有 9 个，其中南京市政策 7 个、江宁区政策 2 个。关键的区级政策《关于推进全区"优二进三"工作的实施意见（试行）》是在南京市下发 2013 年 1 号文的当月颁布的，在存量工业用地转型科技研发的基础上扩展为"优二进三"，除了转型科技研发之外还允许原企业转型发展服务业（表 7-4）。江宁区"优二进三"政策在工转研的方

表 7-4 《关于推进全区"优二进三"工作的实施意见（试行）》关于转型发展科技研发的条款要点

转型发展科技研发方式	内容要点
不改变用地性质	由企业将原有工业厂房自愿自行拆除后按照规划要求新建科技研发项目，土地使用权年限和用地性质不变。
	项目建成后，由企业自用或自主招商，招商项目应仅限于科研开发项目并经实施主体审查认可。
改变用地性质	对确实需要改变用地性质，具备转型升级为科技研发条件的企业，企业自愿将原有工业厂房自行拆除，将用地性质变更为科研设计（C65）或生产研发（Mx）用地，补交土地出让金，重新办理土地出让手续，土地使用权人不变。
	企业可以自用或自主招商，招商项目仅限于科研项目并经实施主体审查认可。
	项目确需分割转让或销售的，转让销售对象必须经实施主体同意并由工信、科技部门认定为科技研发类企业或机构。

式上也有一个扩展，原工业企业自持（可出租、不可销售）的科技研发项目，可以拆除厂房按规划要求新建，不改变工业用地性质和年限，仅需园区和相关部门审批。"优二进三"地块补交的土地价款净收益，60%归属园区；招拍挂土地出让金区级留成部分减半（江宁开发区、江宁高新园试点区域原则上土地出让金区级留成部分不再计提，全额返还）。这些土地出让金的优惠政策减少了区政府的土地发展性收益份额，用于提高园区的积极性。江宁区"优二进三"政策的试行期为两年，在政策到期之后江宁区执行南京市的低效用地再开发政策。

按照政策江宁的工转研有三种方式：方式 1：土地收储后招拍挂；政府将工业企业的土地收储并补偿地上建筑物资产后公开招拍挂，中标企业获得土地。这种方式具有公开和规范的特点。土地走招拍挂流程会增加原企业重获土地的经济成本，但现实操作中也存在只是走程序的可能性。方式 2：不改用地性质。企业拆除厂房后按照规划要求新建科技研发项目，建设内容和容积率等规划条件需审批。项目建成后由企业自用或招商，招商项目应仅限于科研开发项目并经园区审查认可。这种方式由于不能销售只能自用和出租，实现的开发利润极低，对江宁区的调研中没有发现选择这种方式的具体项目。方式 3：改变用地性质。企业应具备转型科技研发的条件，将原有工业厂房自行拆除，补交土地出让金并重新办理土地出让手续，用地性质变更为科研设计（C65）或生产研发（Mx）用地。项目建成后可以自用和出租并有一部分出售，转让销售对象必须经园区同意并认定为科技研发类企业或机构。

以上三种方式主要是原企业自行或合作进行再开发，少量是外来企业通过招拍挂拿地。江宁开发区试点区域主要使用方式 1，原因是合资企业、外来企业倾向于走"招拍挂"程序。他们更希望程序规范不留后遗症，因此市场行为多一些。江宁高新园试点区域主要使用方式 3，原因是高新园中小型本地企业多。这些企业担心公开拍卖自己不能重新拿回土地，因而更愿意协议出让。

在江宁区工转研的调研中，与江宁区规划分局、江宁高新园管委会、江宁开发区管委相关部门分别召开了座谈会，通过座谈和走访的方式调研企业 13 家，调研参与再开发的规划设计和建筑设计单位 3 家，合计访谈 35 人次。访谈表明，在 2013～2014 年的政策期，江宁区以园区、街道为主体，政府对企业下达通知的方式强力推动再开发，多数企业没有进行再开发，其原因在于限制条件比较苛刻（工转研的企业需要进行科技企业认证，限制销售比例和对象），不能预售造成占用资金周期长，需要企业资金实力雄厚。2014 年以后的政策期，面对市场反应及发展环境的变化，政府思路转变为尊重企业意愿为主，由园区街道了解企业需求向区国土部门报计划，区政府再向市政府报计划，不再是运动式的改造而是进入了常态化操作阶段和长期互动。调研发现 2013～2016 年市场反应小，也有一些项目在名义上是科技研发而在实际意义上是办公，并且由于拿地便宜，可能会冲击了正常的办公市场（通过招拍挂拿办公用地的项目）。工转研的政策阶段性强，以后如果研发空间供大于求则此类项目会减少，3～5 年后建成的科研大厦很可能不做研发而是做办公。江宁工转研项目的目标是较为彻底的空间转型，但产业转型并不彻底，大部分工业企业完成的是从工业生产向地产开发的转型。在建成之后的出售、出租过程中，后续入驻的企业才是实际使用这些空间的企业。这些企业多大程度上进行研发或者办公活动标示着这一片区多大程度上完成产业转型。

二、江宁高新园试点区域的工转研

南京江宁高新技术产业园（简称江宁高新园）成立于 1994 年，1997 年园区升格为国家级高新技术产业开发区，经历多次更名和扩区[①]，目前规划控制面积 195 平方千米，是集高新技术产业区、大学城、风景旅游度假区为一体的园区。[②]园区交通设施除了多条高速之外，特别具有优势的是地铁设置多个站点。

高新园试点区域[③] "天元路以南片区"是江宁高新园最早开发的片区，是高新园主要产业片区——谭桥片区的重要部分，与东山副城的中心片区相邻，与南京市中心新街口的直线距离 13.5 千米（图 7-3）。从竹山路地铁站乘坐地铁 1 号线到市中心仅需 37 分钟。此外还有规划中的地铁 5 号线竹山路站和科宁路站。江宁高新园"优二进三"试点区域面积约为 217 公顷，现有工厂多为早期入驻，企业普遍规模不大、产值不高。按照规划，126 公顷工业用地将进行再开发转变为其他用途，其中 91 公顷转变为科技研发用地，占工业用地再开发的 72%，占规划范围内建设用地的 42%（图 7-4、图 7-5）。

---

① 2000 年，规划控制面积扩大到 10 平方千米。2002 年成立南京江宁科学园，包含原南京民营科技园、大学城和方山风景区，规划控制面积 58 平方千米。

② 江宁高新园是苏南国家自主创新示范区核心体系重要板块，获批国家创新型特色园区、国家创新人才培养示范基地、国家火炬生物医药特色产业基地等国家级品牌。园区产业特色明显，形成了以生命科学为主导，高端制造、现代服务业为重要支撑的产业发展格局，生命科学企业超过 250 家。江宁高新园内的科教资源包括中国药科大学、南京医科大学等 16 所高校，中科院软件研究院等科研院，27 家各类工程技术中心。

③江宁高新园试点区域范围东至天印大道、南至彤天路、西至秦淮河、北至新亭路。

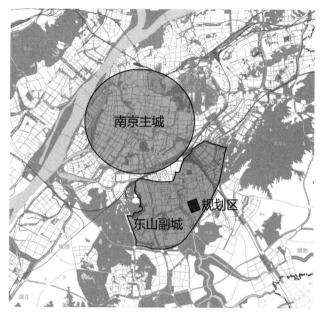

图 7-3　江宁高新园试点区域区位图

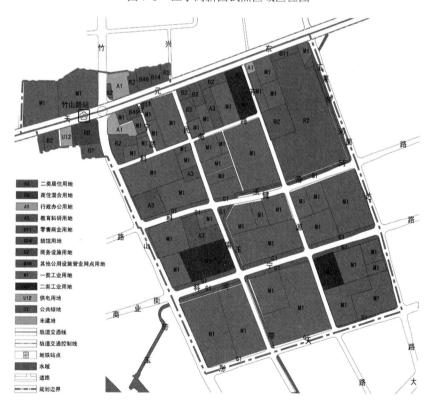

图 7-4　江宁高新园试点区域现状用地图（2013 年）

资料来源：南京城理人城市规划设计有限公司。

图 7–5 谭桥片区控规中的江宁高新园试点区域

资料来源：南京市规划局。

2013 年高新园试点区域规划涉及再开发的企业一共 57 家，至 2014 年 9 月其中 10 家已经开始进行工转研（表 7–5）。高新园试点区域在两轮政策中，企业根据自身情况和政策进行了选择。

表 7–5　江宁高新园试点区域 2014 年转型升级部分企业名单

	企业名	地址	项目名
1.	南京民光油管有限公司	科宁路 586 号	
2.	南京有志教学电子仪器公司	科建路 29 号	
3.	南京美集电子有限公司	天元东路 59 号	南京美集电子科技研发楼
4.	南京市江宁区再生资源有限公司	开源路	

续表

	企业名	地址	项目名
5.	南京胜创电气有限公司	科苑路 9 号	南京胜创研发楼
6.	南京南苑缝制有限公司	营宁路 58 号	南苑科技研发大厦
7.	南京年余冷冻有限公司	天元东路 218	
8.	南京欣迪生物药业工程有限责任公司	莱茵达路 588 号	生物技术产品研发中心

　　2013 年江宁区政府的"优二进三"政策刚开始推行的时候，50 多家企业踊跃报名进行再开发，然而后续进程中企业逐渐发现园区管委优惠政策供给不足，尤其是补交土地出让金并不是最初所说的"很少一点"，而且受到销售对象、不能预售、占用资金周期长等条件限制，真正推进到开发项目阶段的只剩下几家企业。

　　2015 年适用政策变成了南京市的城镇低效用地再开发政策，2016 年园区通过科宁路地铁站规划推进涉及的企业（约十几家）再开发。园区管委召集涉及企业开会了解企业意愿，会议主题为地铁 5 号线科宁路站周边地段城市设计及"低效用地"再开发相关土地政策宣讲。根据会上企业代表的发言和会后企业访谈，企业意愿可以分为三类：（1）企业自身有转型愿望，积极参与本轮再开发，如红太阳集团、金箔集团。（2）了解消化政策，表示回去商量，如兰埔成新材料有限公司、天印包装。（3）坚持进行工业生产，不愿意再开发，如健康春城纸箱厂。访谈中也发现了企业对于再开发土地供求信息平台和土地二级市场的需要。

　　南苑科技研发大厦项目是南京南苑缝制有限公司[①]2014 年启动建设的工转研项目（图 7–5），公司占地 12 亩，原有厂房面积五千多平方米。项目建设内容为科技研发楼，建筑主体 17 层、裙房 2 层，总建筑面积约 3.3 万平方米。南苑科技研发大厦项目从区政府"优二进三"政策刚一推出时就开始响应，是高新园少有的几个坚持推进的工转研项目之一。

---

　　① 公司始建于 1999 年，位于江宁高新园营宁路 58 号，经营品种主要以麻底鞋、雪地靴、工艺拖鞋为主，生产部拥有车缝机 100 台，下料机、电脑绣花机等十余台。有员工 300 多人，具备工艺鞋年产量 200 万双的大中型生产企业规模。

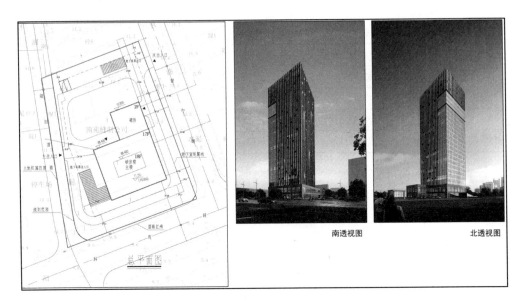

图 7-6　南苑科技研发大厦规划设计方案

资料来源：南京市规划局。

三、江宁开发区试点区域的工转研

　　江宁开发区[①]创办于1992年,经过20多年的发展已成为南京地区建设发展最快、发展环境最优、产业竞争力最强的开发区,综合实力和品牌影响力位居全省开发区前列。百家湖中心片区面积20平方千米,将成为东山副城中心区和高品质居住区。在《百家湖中心片区控制性详细规划》中大幅度减少了工业用地的比例,分布在胜太路以北、太平工业园以及庄排路两侧的工业区将逐步外迁,工业用地比例由现状的15%降到了6%,再开发为Bb商办混合用地和B29a科研设计用地等。

　　江宁开发区试点区域[②]（胜太路以北片区）是江宁开发区最早开发的工业区,规

---

　　① 江宁开发区初始规划用地15.5平方千米,1993年被批准为省级开发区,2002年第三次扩区,规划控制范围317平方千米,2010年升级为国家级经济技术开发区。目前已形成汽车、电子信息两大主导产业,智能电网、软件及未来网络两大战略性新兴产业,航空制造、生命科学两大未来优势产业。打造了中国无线谷（未来网络谷）、江苏软件园、九龙湖国际企业总部园、综合保税区等一批特色功能平台,摩托罗拉、中信部十四所等国内外研发机构30多家,省部级以上重点实验室和工程技术中心82个。地铁一号线南延线直达园区。

　　② 江宁开发区试点区域范围东至双龙大道、南至胜太路、西至通淮街、北至秦淮路。

划转变为商务区，是百家湖中心片区控规中三个中心之一，面积约 2 平方千米。按照百家湖中心片区控规，江宁开发区试点区域约 50% 的工业用地转型为科技研发用地，面积约 50 公顷（图 7–7、图 7–8）。

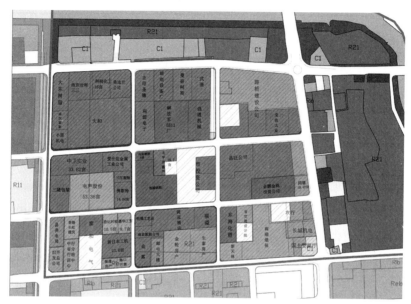

图 7–7　江宁开发区试点区域现状用地图（2013 年）

资料来源：袁新国。

图 7–8　百家湖控规中的江宁开发区试点区域（2013 年）

资料来源：南京市规划局规划成果。

江宁开发区试点区域 2014 年工转研项目有 5 个，多数属于原企业采用了招拍挂的方式重新获得土地进行再开发（表 7-6）。

表 7-6　江宁开发区试点区域 2014 年转型升级企业名单

序号	企业名	地址	项目名
1	南京温尚投资有限公司	秦淮路 16 号	南京温尚科技中心
2	新天林科技实业（南京）有限公司	挹淮街 8 号	大树智能科技中心
3	江苏中核华兴建筑装饰有限公司	胜利路 38 号	和建大厦
4	南京名家信息科技有限公司	胜利路 99 号	名家科技大厦
5	南京天琪建筑科技有限公司	董村路 39 号	配套研发楼

名家科技大厦项目于 2013 年下半年启动，2014 年 10 月开工，计划 2017 年竣工。用地面积 27 亩，总建筑面积 11 万，容积率 4.0，用途为科研办公。虽然是原土地使用权人再开发，但是采用的是招拍挂的方式重新获得土地。由于政策规定建筑面积的 50% 可售，建筑设计本身有明显的合作和利益分配的特征：两栋对称的高层和对称的商业裙房，商业和地下车库都从中间用墙分开，后期运营使用将会是两个独立单位。该科技大厦没有特殊的研发空间要求，基本是办公建筑。

四、江宁区工转研的动力与博弈

（一）主要动力来自于政府

江宁产业园区的工转研主要动力来自于政府，来自于供给而不是需求。江宁区的"优二进三"政策（含工转研）具有明显的政府主动、企业被动、政策驱动的特点。区政府"优二进三"政策的首要基本原则是"政府引导"，总体工作意见是充分调动集体、建设用地原使用权人及相关权利人的积极性，引导符合产业发展方向、具有良好发展前景的企业根据自身发展需要改造搬迁和转型升级。"优二进三"划定江宁开发区试点区域和江宁高新园试点区域，由园区管委作为实施主体。操作流程是：首先园区依据城市规划及产业转型等需要，组织编制"优二进三"工作方案明确自行改造计划；然后园区向企业下达改造通知书，详细说明土地用途、规划要求及改造时间；企业与园区约定改造方式制定实施方案；此后还有各级审查和公示；最后园区与企业签署改造转型协议，约定土地用途、规划要求、改造方式及改造时间等，企业按规定办理相关手续。在这个操作流程中，园区制定工作方案和改造计划、园区管委会向企业下达改造通知书等具有明显的行政操作特征，虽然之后也是通过与企业协商形成实施方案，但最初的驱动力来自于政府而非企业。整个过程中政府具有主动权和较强的控制力。

对江宁高新园多家企业的调研显示，除了少数是企业自身就有转型意愿，大部分企业处于被动接受政策的位置。企业可以选择暂时不改造、继续进行工业生产，但调研表明政府和企业双方都判断再开发是迟早的事。政府还有一些强有力的措施，如区政府对江宁开发区一期试点区域实行户籍、房产、土地、规划和工商登记等"五冻结"[①]，冻结期为一年（2014 年 9 月至 2015 年 9 月）。这些措施一定程度上也是政府用行政手段对产权的侵犯。此外企业还担心政府采取限制厂房扩建、限水、限电等非正常措施逼迫企业再开发。

对于政府作为第三方来实施合约，诺斯认为暗藏着一个经济发展的根本困境。"如何才能让国家像一个不偏不倚的第三方那样行事呢？""在发达国家与第三世界国家之间，人们对契约实施的信任程度还是存在着巨大的差别。"（道格拉斯，2014）江宁案例展现了一种比诺斯所说的困境更复杂的情况，政府作为原有土地合约的第一方想要改变合约，同时政府又是保障合约实施的第三方。这种情况下的企业处境确实非常被动。

（二）两轮博弈用政策进行议价

江宁高新园试点区域的再开发由于博弈呈现波动状态，两轮政策变化过程中，企业根据政策、市场状况和自身情况进行了选择。

第一轮政策期，江宁区政府主导推行工业用地转科技研发用地。江宁高新园编制了试点区域规划将原有工业用地大部分转为科研设计用地。园区管委会宣传的具体政策有很大的优惠力度。最初 93% 的企业踊跃报名参与再开发，大多数企业都选择了转变用地性质的正式更新方式，选择可售科研用地也就是要做科技地产而非完全自用。然而后续进程中确定执行的具体政策尤其是土地出让金并没有足够的优惠，坚持进行再开发的企业大幅度减少，具体政策的变化导致了市场波动。

第二轮政策期，江宁区采用的南京市城镇低效用地再开发政策与之前的政策相比有所放宽。政府增加政策供给并开始尝试新的空间产品。工业用地除了可以转科技研发用地还可以转商业办公用地。2016 年园区通过科宁路地铁站规划推进涉及十

---

① 2014 年《关于对江宁开发区"优二进三"范围实施冻结的通知》。

几家企业的再开发，其中表示积极转型和可能转型的企业有 8 家。政府与企业由此开始了新的一轮博弈。

政策变化实质上是政府与企业议价的过程。政府将具体政策条件（包括土地出让金、年限、容积率和可出售比例等）作为出价。企业根据自身和市场情况做出选择。政府试图以统一定价、成片区整体再开发的方式降低成本和交易成本，然而实践表明再开发不可能一蹴而就，整个以政策议价的过程将会呈现多轮博弈并可能持续很长一段时间。

第三节　江宁高新园工转研规划案例

2013 年南京市江宁区政府的再开发政策文件要求区规划局统筹"优二进三"总体规划的制定，具体制定开发区、高新园试点区域城市设计，指导搬迁企业合理选择新址，协调出具原址土地上市公开出让的外部条件和规划要点。为配合政策文件，江宁开发区和江宁高新园分别编制了试点区域城市设计，最终落实到控制性详细规划上，之后的空间转型按照控规进行。江宁高新园的《江宁天元路以南片区城市设计》由于其明显的转科研导向而成为一个工转研规划案例。本节通过剖析工转研规划案例，系统讨论存量规划的任务、工具、难点与策略，力图对产业园区转型升级中的存量规划进行有益的探索（刘晶晶等，2016）。

一、规划的任务与工具

存量型城市设计作为存量规划的一种类型，继承了城市设计的相关理论、方法与技术，同时，面对的是存量开发新的现实基础，既要实现存量开发目标，也要实现城市设计空间目标。因此，存量型城市设计的任务是将城市设计与产权现实相结合，激励众多的产权人进行存量开发并且能够实现城市设计空间目标。存量型城市设计需要寻找到合适的技术工具参与到制度设计中来完成上述任务。

在该案例中，规划以尊重特定产权为价值取向，采取激励产权人自主更新的规划模式，将容积率奖励作为制度设计的主要技术工具。容积率的确定过程变成制度设计的过程，吸引和激励众多的产权人参与到存量开发中来，并解决特定产权下的存量用地城市设计问题。由于片区内全部都是企业所有的工业用地，没有一块公共空间、绿地，缺乏城市支路，因此该片区存量用地的城市设计要解决的问题包括：在产权边界不变的情况下如何做出公共空间、绿地、支路，处理街墙、天际线、每个地块的开敞退让，产业区景观变为城市景观等。在存量规划中容积率对企业来说意味着利益分配。该规划把合理的容积率奖励作为园区可以充分利用重要资源和工具，通过规划条件设定和制度设计，为城市公共利益付出越多的地块给予越多的容积率，这样可以使企业从被动改造变为主动参与更新。该规划试图激励最大比例的企业同期进行转型再开发，集中地协商沟通、审批办理，从而减少时间等交易成本。

二、规划方案的解析

（一）背景与难点

《江宁天元路以南片区城市设计》规划范围与"优二进三"政策江宁高新园试点区域基本吻合，面积约为 2.2 平方千米。该规划是一个针对产业园区的存量规划的探索，将原有工业用地全部进行再开发转变为其他用途，最多的转为科研设计用地 91.14 公顷，占建设用地比例 42.31%，而在现状用地中教育科研用地不到 3%（表 7–7）。规划针对产权明晰的城市更新地区，需要解决城市功能的更新、城市空

表 7–7　《江宁天元路以南片区城市设计》现状与规划用地比较

用地代码	用地名称	现状		规划	
		面积（公顷）	比例（%）	面积（公顷）	比例（%）
R	居住用地	23.44	10.88%	37.11	17.23%
A	公共管理与公共服务用地	7.77	3.61%	5.41	2.51%
B	商业服务业设施用地	7.15	3.32%	104.93	48.71%
其中	B29a 科研设计用地	0	0	91.14	42.31%
M	工业用地	125.80	58.40%	0	0
S	道路与交通设施用地	24.49	11.37%	43.60	20.24%
U	公用设施用地	0.66	0.31%	1.12	0.52%
G	绿地与广场用地	26.11	12.12%	23.26	10.80%
H	城市建设用地	215.42	100%	215.43	100%
E	非建设用地	3.28		3.27	
	规划面积	218.70		218.70	

资料来源：南京城理人城市规划设计有限公司。

间的重塑、城市环境的再造等多重诉求。主要的难点在于产权分散、边界固定，面对企业各自为政、调整空间有限、公共空间与景观资源匮乏、空间特征均质等制约因素和问题，力争形成一个协调多方利益的城市更新设计（图7–9、图7–10、图 7–11）。

（二）项目切入点

存量规划不能仅仅局限于空间设计，还需要涉及基于土地产权调节的机制设计。该项目在空间调整和政策扶持方面具有显著特点，因此成为"空间+机制"双重设计的良好试验机会。规划通过空间设计提升功能、组织空间，通过机制设计来平衡利益、协调管控，用市场方式而非财政实现空间资源优化配置，力图实现公众、政府和企业三方的共赢。

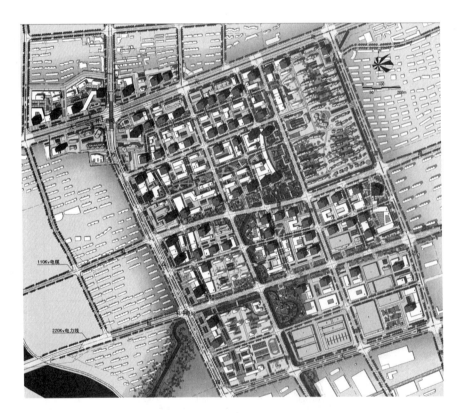

图 7–9 江宁天元路以南片区城市设计总平面图

资料来源：南京城理人城市规划设计有限公司。

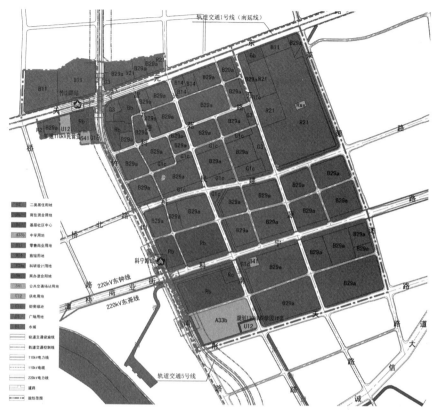

图 7-10　江宁天元路以南片区城市设计用地规划图

资料来源：南京城理人城市规划设计有限公司。

图 7-11　江宁天元路以南片区城市设计鸟瞰图

资料来源：南京城理人城市规划设计有限公司。

（三）空间设计要点

规划以"开放共享和复合休闲"为目标，空间上从分割走向互动融合；功能上从单一走向多元复合；用地上从简单粗放走向精细对应；交通上从产业服务走向生活体验；景观上从产业景观走向休闲景观。规划构建了"L轴、三心、三带"的结构和功能板块，不仅从城市功能协调及基地内部间结构入手，还考虑产权边界和企业更新意图。规划设想与企业诉求的多轮碰撞不断磨合调整，形成了项目的空间原型。沿天元路和竹山路设置L型内街，并在内街上空设置多条立体通道，形成具有活力与魅力的步行街区。利用两个地铁站点形成两个服务中心，从而完善商业服务功能。梳理现状水系及兴民工业园创造滨水开放空间，为居民和企业员工提供休闲娱乐的场所，成为规划区内休闲服务中心。科建路的控制绿带、科宁路的防护绿带、科苑路以南的活力休闲带形成了规划区内三条景观优美、特色鲜明的公共休闲活力带。

三、规划中进行的策略探索

随着物权法的实施，对产权的尊重是城市规划必须正视的问题。针对项目难点、面对市场经济体制下的多元利益主体，该规划在以下方面做出了策略探索。

（一）容积率奖励——基于特定产权，运用容积率奖励策略，结合设计引导片区更新与发展

江宁区"优二进三"的政策鼓励原企业再开发，如何利用政策保障空间功能的实施是项目核心的任务，一个有效的制度工具就变得尤为迫切。规划以"容积率奖励"的策略，引导企业从被动地顺应规划转变为主动地参与和推进规划（图7–12）。地块的基准容积率确定来源于必需的功能和空间形象，而奖励后的容积率上限取决于地块的最大空间承载力、企业更新的力度和对城市的贡献程度（提供的交通空间、开放空间和公共功能空间）。规划还要从空间环境、功能置换、建设法规三方面对理论容积率进行校核。这种策略简单清晰且公正公平，为企业获取最大利益、也为政府的管控提供了便利的依据。

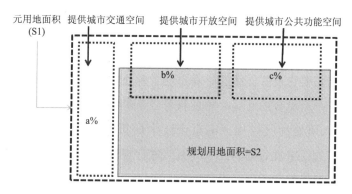

图7-12　江宁天元路以南片区城市设计容积率奖励策略

资料来源：南京城理人城市规划设计有限公司。

（二）协商式规划——构建沟通机制平台，协调多方利益与矛盾

规划通过协商和互动协调企业业主、高新园区、管理部门三者之间的利益。规划前期搭建工作交流平台，开展会议讨论促进各方积极参与，保证各方意见诉求的及时性与准确性。规划中期通过对企业的走访调研、问卷等方式汇总各家企业的开发意愿和诉求，再结合规划设计方案和"优二进三"政策的针对性详解来调动企业转型的积极性。有的企业原来不愿意提供土地建设步行街和绿地，经过协商了解了可以获得相应的容积率奖励。步行街、绿地能够给新物业带来价值提升，这些企业改变了态度、积极地参与。规划后期通过地块导则为管理部门和高新园区提供相关设计指导。一些企业委托设计公司做出地块的设计方案拿给做片区规划的设计方进行沟通和咨询，通过协商双方对地块和片区的设计都能够有更深的认识，并对城市设计整体方案达成新的共识。

四、规划的成效与问题

《江宁天元路以南片区城市设计》得到了高新园管委、区规划分局与企业的认同，于2013年4月通过专家评审。专家组认为"本次规划方案从城市更新角度入手，抓准特定产权的项目特征，兼顾了城市功能与形象，也结合了企业的开发意愿。调研翔实，规划思路清晰，内容丰富，成果可操作性较强，具有一定创新性"。该规划积极地参与到了开发区再开发过程之中，与代表政府的园区管委会、涉及企业进行了互动，将容积率作为政府资源灵活运用，变以往被动地顺应更新为主动地促进更新。该规划面对多元诉求，在推动江宁高新园"优二进三"工作中成效显著，当

年得到了 57 家企业中 53 家的响应。2014 年，民光油管、有志教学等多家企业进入转型规划设计阶段，南京维久科技研发中心完成规划设计方案批前公示。该规划在园区管委会最初需要它发挥作用的时间点燃了企业转型再开发的热情，助力高新园的再开发打出了一个漂亮的开局。规划获得当年南京市优秀城市规划设计奖项，其图则内容被纳入所处片区控规《南京市江宁高新园潭桥片区控制性详细规划》（图 7-13），作为江宁规划局和江宁高新园进行规划建设审批管理的基本文件发挥作用。在规划转型的时期，可以说是一个存量规划积极、有益的尝试。

图 7-13 《南京市江宁高新园潭桥片区控制性详细规划》土地利用规划图

资料来源：南京市规划局规划成果。

由于存量开发多方博弈的复杂性、政府再开发政策的波动性，成片区的存量开发难以毕其功于一役。2016 年再次调研发现，最初报名的 50 多家企业在后来办理手续、补交土地出让金等环节中逐渐减少，只有 10 家左右做了一些继续推进的工作，仅有少量企业（4～5 家）坚持走到了开工建设。其原因在于相应的政策供给不足，特别是最终确定的补交土地出让金价格没有达到企业预期。此外，科技研发办公空间可销售部分不能预售且限制购买主体等规定，也使企业开发资金占用周期拉长，企业担心建成后的销售情况。由此可见，成片区的产业园区再开发不能一蹴而就，而是要经历一个政府与企业长期多轮博弈的过程，乐观估计也需要 5～10 年左右的时间，试图用一轮协商、一次规划来降低交易成本往往并不奏效。规划是有用的也是有限的。该规划案例体现出当前存量规划探索存在的问题。

受到土地产权制度的制约，规划仅能进行容积率奖励探索而难以开展容积率转移的实践。受到土地市场制度的制约，土地使用权不能自由地在企业之间转移。规划的编制和实施受制于当前土地使用权人的意愿，有时难以发挥一些地块应有的价值和作用。例如有的企业继续进行工业生产尚有微利可图，而其资金储备不足以进行再开发。由于土地二级市场不健全、信息不畅通，又不能通过拍卖等方式迅速寻找到并出售给有开发能力的企业。如果在规划中该地块需要贡献一部分土地用于公共空间、公共设施或道路交通，则这部分作用将会长期不能得以发挥。长期增量开发形成的规划思维习惯性地追求统一规划、有计划的开发（分期开发、滚动开发等），构建完整的规划结构、功能和景观体系，然而分散产权使得这样的整体构想实现起来非常困难。一部分企业改变意愿或延期开发就会造成规划的结构和体系不完整。在原有的规划体系下，至少应考虑提高控规的兼容性，以容纳政策对产业导向的变化和企业意愿变化带来的不同的转型方向。

该规划按照政策导向将工转研作为片区主要的转型方向，然而区级的较大规模的工转研规划也对总规确定的城市空间结构带来了冲击。转型规划虽然符合市政府的政策导向却突破了城市总规，将会形成一个新的区级研发和办公中心（科技研发建筑面积 130 万平方米，办公建筑面积 155 万平方米，合计 285 万平方米）。因此，该规划在向南京市规划局报批的过程中遇到了一些阻碍和争论，经过沟通协商最终得以批准，同时也为存量规划在城市层面的协作关系敲响了警钟。在现有的自上而下的总规—控规体系中，如果市规划局不想突然面对一个又一个工业片区转型带来的新中心崛起对总规的挑战，城市层面的存量规划（类似于全市的城市更新专项规划）就非常有必要。

政策波动、企业选择的变化造成规划迅速失效。存量规划在当前政策和当前企业意愿的基础上，通过多方沟通协商的过程形成规划方案，试图实现片区内大部分企业整体再开发的构想。然而这些基础条件并不坚固持久，一旦遇到试行政策到期、新政策出台、企业改变意愿等条件变化，存量规划就很可能会由于跟不上形势需要而失效。2015～2016 年在新的再开发政策和交通条件下，高新园试点区域的局部片区开始了新一轮规划，即《地铁 5 号线科宁路站综合开发特定规划区城市设计》。规划目的是通过站点周边片区城市设计引导，发挥轨道交通资源应有的社会效益和经济效益，体现站点周边地区的土地利用、交通、功能、空间与景观、土地收益等方面的一体化。随之而来控规也将面临新一轮修改。存量规划要想延长有效期，就必须探索与再开发政策结合进行制度设计。

小　　结

本章系统完整地解剖南京工转研案例、对前文理论假设和分层论证进行验证，案例包含南京市工转研政策框架、江宁区的工转研政策和实践、江宁高新园工转研规划以及南苑科技研发大厦和名家科技大厦等若干项目。政策回溯证明了工转研地方政策的源头是土地集约利用和创新驱动两类国家政策。两类政策的交织结合是在地方政策层面发生的。南京市工转研相关政策基本框架包括前提条件、土地发展权、限制条件、地价及分配、市场交易五个方面。这些政策变化实现了制度的功能、导控了工转研。地方政策的变化主要围绕土地发展权展开，而土地发展权的改变最终是通过重订土地合同实现的。江宁区的工转研实践表明主要动力来自于政府。政府与企业通过两轮政策进行博弈并试图以统一定价、成片区整体再开发的方式降低成本和交易成本。然而实践表明再开发不可能一蹴而就，多轮博弈可能持续很长一段时间。最后将江宁高新园的《江宁天元路以南片区城市设计》作为工转研规划案例进行剖析，系统讨论存量规划的任务与工具、难点与策略、成效与问题。存量规划方案建立在当前的政策和企业意愿基础上，试图实现片区内大部分企业整体再开发的构想。大片区的工转研或工转办将会对城市原有总规确定的空间结构带来冲击。然而一旦遇到政策波动、企业改变意愿等条件变化，存量规划就很可能会失效。因此，存量规划需要提高弹性以容纳不同的转型可能，进行与再开发政策结合进行制度设计的探索，还要建立城市、片区、项目三个层次的存量规划体系。

参 考 文 献

阿曼·A. 阿尔钦（美）："产权：一个经典注释"，陈昕主编：《财产权利与制度变迁——产权学派与新制度学派译文集》，格致出版社，2014年。

阿瑟·奥莎利文（美）著，周京奎译：《城市经济学》，北京大学出版社，2008年。

陈鹏：《中国土地制度下的城市空间演变》，中国建筑工业出版社，2009年。

陈雨：《规划笔记》，机械工业出版社，2008年。

陈云："南京的旧城改造与工业迁移"，《现代城市研究》，1996年第5期。

大卫·哈维（英）著，高泳源、刘立华、蔡运龙译：《地理学中的解释》，商务印书馆，2012年。

大卫·哈维（英）著，初立忠、沈晓雷译：《新帝国主义》，社会科学文献出版社，2009年。

道格拉斯·C. 诺斯（美）著，杭行译：《制度、制度变迁与经济绩效》，格致出版社、上海三联书店、上海人民出版社，2014年。

道格拉斯·诺斯（美）、罗伯斯·托马斯（美）著，厉以平、蔡磊译：《西方世界的兴起》，华夏出版社，2009年。

菲利普·伯克（美）、戴维·戈德沙克（美）、爱德华·凯泽（美）等编著，吴志强译制组译：《城市土地使用规划（原著第五版）》，中国建筑工业出版社，2009年。

冯立、唐子来："产权制度视角下的划拨工业用地更新——以上海市虹口区为例"，《城市规划学刊》，2013年第5期。

弗里德里希·奥古斯特·哈耶克（英）著，杨玉生等译：《自由宪章》，中国社会科学出版社，1999年。

弗里德利希·冯·哈耶克（英）著，邓正来译：《自由秩序原理（下）》，生活·读书·新知三联书店，1997年。

高远："我国土地发展权市场化模式初探"，《环渤海经济瞭望》，2009年第8期。

哈罗德·德姆塞茨："关于产权的理论"，陈昕主编：《财产权利与制度变迁——产权学派与新制度学派译文集》，格致出版社，2014年。

何丹："城市政体模型及其对中国城市发展研究的启示"，《城市规划》，2003年第11期。

何芳：《城市土地再利用产权处置与利益分配研究：城市存量土地盘活理论与实践》，科学出版社，2013年。

何世茂："南京工业产业发展与空间布局对策"，《现代城市研究》，2009年第1期。

胡映洁：《开发区工业用地更新的利益还原机制研究》，上海社会科学院出版社，2016年。

华生：《城市化转型与土地陷阱》，东方出版社，2014年。

江泓、张四维："生产、复制与特色消亡——'空间生产'视角下的城市特色危机"，《城市规划学刊》，2009年第4期。

科斯等著，拉斯等编：《契约经济学》，经济科学出版社，1999 年。

克里斯塔·莱歇尔（德）、克劳斯·R. 昆兹曼（德）、扬·波利夫卡（德）等编著，李潇、黄翊译：《区域的远见——图解鲁尔区空间发展》，中国建筑工业出版社，2016 年。

李冬生：《大城市老工业区业用地的调整与更新：上海市杨浦区改造实例》，同济大学出版社，2005 年。

李健：《创新时代的新经济空间——从全球创新地理到地方创新城区》，上海社会科学院出版社，2016 年。

李欣路："南京老城更新 30 年——基于事件的城市更新历程研究"（硕士论文），东南大学，2016 年。

列斐伏尔（法）著，王志弘译："空间：社会产物与使用价值"，包亚明主编：《现代性与空间的生产》，上海教育出版社，2003 年。

林阁钢："高科技园区的社会建构——以苏州工业园区产业综合体转型为例的研究"，《中国软科学》，2007 年第 2 期。

刘伯英、冯钟平：《城市工业用地更新与工业遗产保护》，中国建筑工业出版社，2009 年。

刘晶晶、石峰、叶冬黎等："产业园区存量型城市设计——以江宁高新园区二次开发为例"，《规划师》，2016 年第 9 期。

刘守英等："译者的话"，陈昕主编：《财产权利与制度变迁——产权学派与新制度学派译文集》，格致出版社，2014 年。

刘雨平："地方政府行为驱动下的城市空间演化及其效应研究"（博士论文），南京大学，2013 年。

刘正山：《当代中国土地制度史（下）》，东北财经大学出版社，2015 年。

卢现祥、朱巧玲：《新制度经济学（第二版）》，北京大学出版社，2012 年。

陆红生：《土地管理学总论》，中国农业出版社，2002 年。

栾峰、何丹、王忆元："先发地区开发区的局部地段转型发展调查研究——以常州高新技术产业园区为例"，《城市规划学刊》，2007 年第 9 期。

罗伯特·K. 殷（美）著，周海涛、李永贤、李虔译：《案例研究：设计与方法（中文第二版）》，重庆出版社，2010 年。

罗超："后工业化背景下城市老工业区的更新与在发展研究"（博士论文），东南大学，2011 年。

罗纳德·H. 科斯（美）："社会成本问题"，陈昕主编：《财产权利与制度变迁——产权学派与新制度学派译文集》，格致出版社，2014 年。

罗彦、杜枫、许路曦："基于深圳城市发展单元规划的规划转型与创新"，《城市发展研究》，2013 年第 8 期。

罗彦、范钟铭、王瑛："规划转型与创新基于深圳城市发展单元规划的实践"，中国城市规划学会编：《多元与包容——2012 年中国城市规划年会论文集》，云南出版集团公司，云南科技出版社，2012 年。

罗震东、胡舒扬："从分权化、市场化到全球化——改革开放以来江苏省城镇化的历程与特征"，《上海城市规划》，2014 年第 1 期。

牛慧恩："试论我国'工业用地办公楼化'现象及其问题"，《城乡治理与规划改革——2014 中国城市规划年会论文集》，中国建筑工业出版社，2014 年。

钱穆：《中国历代政治得失》，九州出版社，2012 年。

乔恩·皮埃尔（瑞典）著，陈文、史滢滢译："城市政体理论、城市治理理论和比较城市政治"，

《国外理论动态》，2015 年第 12 期。

孙施文编著：《现代城市规划理论》，中国建筑工业出版社，2007 年。

唐燕、杨东、祝贺：《城市更新制度建设：广州、深圳、上海的比较》，清华大学出版社，2019 年。

田莉："我国控制性详细规划的困惑与出路——一个新制度经济学的产权分析视角"，《城市规划》，
　　2007 年第 1 期。

田莉：《有偿使用制度下的土地增值与城市发展——土地产权的视角分析》，中国建筑工业出版社，
　　2008 年。

汪原："关于《空间的生产》和空间认识范式转换"，《新建筑》，2002 年第 2 期。

王承云等：《研发产业与城市创新空间》，上海社会科学院出版社，2015 年。

王海燕："深圳城市更新活动中的旧工业区升级改造初探——浅析龙岗区龙城工业园升级改造"，
　　《现代物业旬刊》，2011 第 12 期。

王顺祥："取消划拨用地显化土地资产"，《观察与思考》，2006 年第 2 期。

王兴平、袁新国、朱凯："开发区再开发路径研究——以南京高新区为例"《现代城市研究》，2011
　　年第 5 期。

王兴平、袁新国："开发区建成区的'再开发'：中国城市的精明增长之路"，《第三届城市再开发
　　专家亚洲国际交流会论文集》，2009 年。

王兴平：《中国城市新产业空间——发展机制与空间组织》，科学出版社，2005 年。

王永莉："国内土地发展权研究综述"，《中国土地科学》，2007 年第 3 期。

向勇、刘静编：《中国文化创意产业园区实践与观察》，红旗出版社，2012 年。

邢卓、周长林："从工业区到综合城区——天津滨海新区产业功能区的三次转型"，中国城市科学
　　研究会：《2009 城市发展与规划国际论坛论文集》，2009 年。

许成钢："政治集权下的地方经济分权与中国改革"，青木昌彦、吴敬琏编：《从威权到民主：可持
　　续发展的政治经济学》，中信出版社，2008 年。

严若谷："快速城市化地区的城市工业空间演变与空间再生研究——以深圳旧工业区升级改造为
　　例"，《广东社会科学》，2016 年第 3 期。

阳建强编著：《西欧城市更新》，东南大学出版社，2012 年。.

杨宇振："权力，资本与空间：中国城市化 1908—2008 年——写在《城镇乡地方自治章程》颁布
　　百年"，《城市规划学刊》，2009 第 1 期。

姚昭杰、刘国臻：《我国土地权利法律制度发展趋向研究——以土地发展权为例》，中山大学出版
　　社，2016 年。

叶超："马克思主义与城市问题结合研究的典范——大卫·哈维的《资本的城市化》述评"，《国
　　际城市规划》，2011 第 4 期。

伊特韦尔（英）等编：《新帕尔格雷夫经济学大辞典（K-P）》，经济科学出版社，1996 年。

殷洁、张京祥、罗小龙："转型期的中国城市发展与地方政府企业化"，《城市问题》，2006 年第
　　4 期。

尹稚："完善规划程序，建立健全存量空间政策法规体系"，《城市规划》，2015 年第 12 期。

袁新国、王兴平、滕珊珊等："长三角开发区再开发模式探讨"，《城市规划学刊》，2011 年第 10
　　期。

袁新国："江宁经济技术开发区启动区再开发初探"，《现代城市研究》，2010 年第 12 期。

袁新国："开发区再开发土地集约利用策略研究"，中国城市规划学会编：《多元与包容——2012 年
　　中国城市规划年会论文集》，云南出版集团公司、云南科技出版社，2012 年。

袁新国："长三角开发区建成区再开发模式研究"（硕士论文），东南大学, 2011 年。

曾艳艳："城市政体理论简析"（硕士论文），吉林大学，2009 年。

张京祥、殷洁、罗小龙："地方政府企业化主导下的城市空间发展与演化研究"，《人文地理》，
    2006 年第 4 期。

张庭伟："1990 年代中国城市空间结构的变化及其动力机制"，《城市规划》，2001 年第 7 期。

张五常：《经济解释（二〇一四增订本）》，中信出版社，2015 年。

张五常：《中国的经济制度》，中信出版社，2009 年。

张占仁、杜德斌："在华跨国公司研发投资集聚的空间溢出效应及区位决定因素"，《地理科学》，
    2010 年第 1 期。

赵文武："世界主要国家耕地动态变化及其影响因素"，《生态学报》，2012 年第 20 期。

赵燕菁："存量规划：理论与实践"，《北京规划建设》，2014 年第 4 期。

赵燕菁："制度经济学视角下的城市规划（上）"，《城市规划》，2005 年第 6 期。

郑德高、卢弘旻："上海工业用地更新的制度变迁与经济学逻辑"，《上海城市规划》，2015 年。

郑国：《开发区发展与城市空间重构》，中国建筑工业出版社，2010 年。

周其仁："邓小平做对了什么？"，《经济观察报》，2008 年 7 月 28 日。

周其仁：《城乡中国（上）》，中信出版社，2013 年。

周文："产业空间集聚机制研究：兼论新产区理论"（博士论文），中国人民大学，1999 年。

朱介鸣：《市场经济下的中国城市规划》，中国建筑工业出版社，2009 年。

邹兵："增量规划向存量规划转型：理论解析与实践应对"，《城市规划学刊》，2015 年第 5 期。

Bolin, R. L. 1997. *Export Processing Zones Move to High Technology: How Can Government Assist?*
    Flagstaff Institute.

Coase, R.H. 1960. The Problem of Social Cost. *The Journal of Law and Economics*, Vol. 3.

Cullingworth, B., R. W. Caves 2014. *Planning in the USA: policies, issues, and processes*. Routledge.

Garreau, J. 1991. *Edge city: Life on the new frontier*. Doubleday.